# 老子新说

牟钟鉴 著

商务印书馆
The Commercial Press

**图书在版编目（CIP）数据**

老子新说 / 牟钟鉴著. — 北京：商务印书馆，2021

ISBN 978-7-100-20186-5

Ⅰ.①老… Ⅱ.①牟… Ⅲ.①道家②《道德经》—研究 Ⅳ.①B223.15

中国版本图书馆CIP数据核字（2021）第153118号

**老子新说**

牟钟鉴 著

商 务 印 书 馆 出 版
（北京王府井大街36号 邮政编码 100710）
商 务 印 书 馆 发 行
三 河 市 尚 艺 印 装 有 限 公 司 印 刷
ISBN 978－7－100－20186－5

2021 年 11 月第 1 版　　　开本 880×1230　1/32
2021 年 11 月第 1 次印刷　　印张 13　1/8

定价：69.00 元

# 道——通往和谐之路

老子是人类的智慧大师,《道德经》是人类文化史上最具原创精神的宝典之一。《道德经》对于中国文化的滋润涵养,其功至伟;它又在走向世界,成为现代人类进行文明转型所倚重的思想源泉。《道德经》以至简的文字积藏着至富的精思,成为智慧的孵化器,不断孕育出丰富的社会人生哲理,其妙化之潜力,令人叹为观止。《道德经》的最大贡献是对"道"的独特解说,建立起以"道"为核心理念的道文化体系,与孔孟儒学形成二元互补,与儒学、佛教形成三位一体,汇合成东方文化的奔流不息的浩荡长河。"道"是什么?"道"是通往和平幸福之路,它给人指示的是方向,并非某种不变的教条。"道"就在每个人的脚下，只要你从容自然地朝前走去，光明就在前头。

现代的世界，慈爱与仇杀交错，合作与对抗并有，安宁与流血同在，危机与希望共存，人类正处在一个文明发展的歧路口上。抛弃偏见，化解纷争，各得其所，相安相因，人类便有美好的前景；执著斗争，泛滥私欲，胁人从己，弱肉强食，人类就会走向衰亡。全球化时代的地球村必须是一个和谐的世界。老子已经在《道德经》里为我们提示了人类走向和谐的智慧，愿我们能够领略它实践它。

《道德经》讲和谐是有层次的。它的最高目标是"朴和"，即人们都能从对立、贪恶中摆脱出来，返朴归真，"见素抱朴，少私寡欲"（十九章），"其政闷闷，其民淳淳"（五十八章），这样的大朴未散的时代和社会不仅不需要礼法，也无需费力地提倡仁义道德，人们自然地和平友好相处，亲如一家，这当然是一种很高的社会理想，我们虽不能至，但要心向往之。

面对现实，老子提出许多解纷致和的理念和方法。计其大者有以下几项。

第一，**慈和**。老子的"三宝"之首便是慈。慈是爱心，要普施于天下，这是达到和谐的人性基石。他说："圣人常无心，以百姓心为心。善者，吾善之；不善者，吾亦善之，德善。"（四十九章）又说："圣人常善救人，故无弃人；常善救物，故无弃物。"（二十七章）又说："生而不有，为而不恃，长而不宰，是谓玄德。"（五十一章）爱利害相关的人、爱情意相通的人，一般人不难做到；但要像老子那样，爱不善者、爱反对自己的人，做到无弃人无弃物就很难了，而消解仇恨、普度众生又必须有这种博爱的心量。得道者想天下百姓之所想，为天下百姓之欲为，而且事业有成之时，不居功，不占有，不主宰，始终保持一颗平常之心，这对于消解当代某些大国政治领袖的贪欲和霸气，无疑是一副清醒剂。各国政治家果能有慈爱玄德，天下何愁不能和谐？

第二，**均和**。社会之不和谐，往往由于贫富不均，甚至贫者更贫富者更富，遂引起社会冲突。老子指摘人间这种状态是违背天道自然的。他认为天道是公正的，"天地相合，以降甘露，民莫之令而自均。"（三十二章）雨水普施，不辨贫富。"天之道，损有余而补不足。人之道则不然，损不足以奉有余。"（七十七章）这是人间动乱的重要根源。人道必须效法天道，使财富得到合理分配，富者多出钱财以救助贫者，这样社会才会安宁。

第三，**柔和**。社会矛盾冲突起于争夺，争权力，争钱财，争地盘，争名望，都想领先称霸，如果不能妥协，便诉诸武力，结果往往两败俱伤。老子则大力提倡柔和之性、不争之德，以期从根本上改变人们的价值观念。他说："上善若水，水善利万物而不争。"（八章）他把"不敢为天下先"作为"三宝"之一，主张贵柔守雌，树立谦让和奉献精神，像水那样滋润万物又总是往低处流。从争到让，从强到柔，人际关系整个改善了，矛盾便会迎刃而解。贵柔守雌、与世无争，是不是软弱无能的表现？非也。老子认为柔是指生命有深厚积累，富有弹性和韧性，不争是消解贪欲，积德为人，恰是真正强大长久之本，故"柔弱胜刚强"（七十八章），"以其不争，故天下莫能与之争"（六十六章），其道理就在于得道者多助，无须乎个人去争强好胜。柔和是老子和谐思想的最大特色。

第四，**冲和**。普通人把矛盾的对立双方看成誓不相立，老子不然，他从对立中看到统一和互补，即所谓"相反相成"。"反者道之动"（四十章），大道运行总是在矛盾中体现的，如："万物负阴而抱阳，冲气以为和"

（四十二章），阴阳两气交感而形成均衡状态；"有无相生，难易相成"（二章），"大直若屈，大巧若拙，大辩若讷"（四十五章），对立的事物相互依存与转化，故"正言若反"（七十八章）。人们如能深通此理，则可以化敌为友，把批评当成财富，视异质文化为相助相养之道，使文明的冲突走向文明的融合，做到双赢、共荣。

第五，**兼和**。不和谐常常在于彼此不能包容，独尊自大，强人从己，并非真的不能并立于天下。老子最能包容，他说："知常容，容乃公，公乃全，全乃天，天乃道，道乃久，没身不殆。"（十六章）有容乃大，包容千差万别的人和事，是符合天道的，因为天下乃天下人之天下，非少数人可得而私焉。得道者不仅反对参与纷争，而且要超脱矛盾、化解矛盾，"挫其锐，解其纷，和其光，同其尘，是谓玄同"（五十六章）。这是一种积极救世又一体同仁的人生境界，一般人难以达到，但学会尊重他人、包纳众说，还是必需的。

第六，**祥和**。祥和与离乱是对应的概念，它指称民间生活的安宁状态。老子说："执大象，天下往；往而不害，安平泰。"（三十五章）以道行于天下，人们都来居住，相助而不相害，生活得平和安泰。每个社区的男女老幼，都"甘其食，美其服，安其居，乐其俗"（八十章），按照自己的传统和爱好，过着美满幸福的群居生活。要祥和就要反对和避免战争，"夫兵者，不祥之器"（三十一章），打起仗来就要死人，"师之所处，荆棘生焉。大军之后，必有凶年"（三十章）。战乱之祸害，百姓最受其苦，不可能有正常生活，老子是坚决反对的。

第七，**慎和**。老子看到，混乱的发生有一个积累的过程，冲突是矛盾激化的结果，所以要及时化解争执，"图难于其易，为大于其细"（六十三章），"为之于未有，治之于未乱"，而且要"慎终如始"（六十四章），才可以保持和谐稳定。老子承认矛盾普遍存在，转化也不可避免，但人可以驾驭矛盾，通过主动解决矛盾，保持统一体的良性状态，"圣人不病，以其病病"（七十一章）。或者运用智慧促使矛盾向正面的价值转化，"曲则全，枉则直，窪则盈，敝则新"（二十二章）。要知道好事会变成坏事，如"甚爱必大费，多藏必厚亡"（四十四章），"兵强则灭，木强则折"（七十六章），现实生活里这样的情况经常发生。我们如果能够学好老子的辩证思维，善于发现和解决矛盾，我们就能自觉地去推进和维护社会和谐。

第八，**身和**。社会以人为本，有和谐的人才会有和谐的社会，所以老子重视人的自我调适和内在的和谐。一是形神合一，返朴守真，"载营魄抱一，能无离乎？专气致柔，能如婴儿乎？"（十章）二是清静节欲，化解贪心，"见素抱朴，少私寡欲"（十九章），"知足者富"（三十三章），"清静为天下正"（四十五章）。三是自知自制，以和为常，"知人者智，自知者明；胜人者有力，自胜者强"（三十三章），"知和曰常，知常曰明"（五十五章）。四是积德利人，成就大我，"圣人不积，既以为人己愈有，既以与人己愈多"（八十一章），"死而不亡者寿"（三十三章）。人自身的和谐不仅能促进社会的和谐，它也是人幸福的要素和健康的尺度。

第九，**天和**。就是人与天地万物之间要和谐。老子说："人法地，地法天，天法道，道法自然。"（二十五章）人道要效法天道，而天道并非另有一物，不过是纯任自然，即万物各按其天生本性发展，自然会彼此相安互补。这个过程也同时是"万物并作"，"各复归其根，归根曰静，静曰复命"（十六章）的过程，此乃天地之常道。人如果任意加以干预，厚此薄彼，暴殄天物，则会扰乱阴阳之和，世界将面临危险。"天地不仁，以万物为刍狗"（五章），是说天地化育万物，而任其自由发展，人也不要把自己的好恶强加在别人和万物身上，只取一个尊重的态度就够了，这是一体皆爱的大仁。人类还要节约资源，爱惜器物，老子呼吁过俭朴的生活。我们今天，人类与自然失和，社会与环境紧张，人类正在用自己的聪明才智破坏本来和谐的生态系统。老子"道法自然"的号召，有提醒和警示的作用。

　　总括"**朴和**"与上述九和，是为"**道和**"，大道其实就是通向和谐之路。天下之人，其迷已久，当学老子《道德经》而觉悟之，进而成为勇于实践的弘道之士。"上士闻道，勤而行之"（四十一章），愿这样的上士日渐增多，则和谐世界将向我们走来。

牟钟鉴

二〇〇七年二月为国际道德经论坛而作

# 目　录

I　　　道——通往和谐之路（代序）


**正篇　老子新说**

003　　　一　章

008　　　二　章

012　　　三　章

016　　　四　章

019　　　五　章

024　　　六　章

026　　　七　章

028　　　八　章

031　　　九　章

034　　　十　章

037　　　十一章

040　　　十二章

043　　　十三章

046 十四章

049 十五章

052 十六章

056 十七章

059 十八章

062 十九章

065 二十章

068 二十一章

071 二十二章

074 二十三章

076 二十四章

079 二十五章

082 二十六章

085 二十七章

088 二十八章

091 二十九章

094 三十章

096 三十一章

099 三十二章

101 三十三章

106　三十四章

108　三十五章

110　三十六章

114　三十七章

117　三十八章

121　三十九章

124　四十章

127　四十一章

132　四十二章

136　四十三章

138　四十四章

141　四十五章

145　四十六章

149　四十七章

151　四十八章

155　四十九章

157　五十章

160　五十一章

162　五十二章

164　五十三章

目

录

167　五十四章

171　五十五章

175　五十六章

178　五十七章

184　五十八章

189　五十九章

192　六十章

195　六十一章

198　六十二章

201　六十三章

205　六十四章

209　六十五章

212　六十六章

215　六十七章

218　六十八章

220　六十九章

224　七十章

227　七十一章

230　七十二章

232　七十三章

235     七十四章

238     七十五章

240     七十六章

243     七十七章

246     七十八章

250     七十九章

253     八十章

256     八十一章

**辅篇　老子评说**

263     主阴贵柔的生命哲学

311     论　道

334     道是不息的生命活力

343     老子学说的魅力

363     老子其人其书

399     跋

◎ 正篇

老子新说

# 一章

道可道，非恒道；名可名，非恒名。无，名天地之始；有，名万物之母。故常无欲，以观其妙；常有欲，以观其徼。此两者，同出而异名，同谓之玄。玄之又玄，众妙之门。

📖 新说
**有与无**

通行本《老子》皆为"道可道，非常道"，则"非常道"会有歧义发生，一则曰"不是恒常之道"，一则曰"不是平常之道"。据帛书《老子》改为"非恒道"，则歧义自然消除。

老子在中国思想史上首次提出"无"和"有"这一对哲学范畴，由此创建了哲学的宇宙发生论和本体论，其意义是伟大的。以"无"名天地之始，以"有"名万物之母，其间有一定差别。四十章"天下万物生于有，有生于无"，四十二章"道生一，一生二，二生三，三生万物"，把这两句话同本章无、有之句对照起来，便会知道，"无"是指道的原初状态，即现存宇宙之前的状态，它是非有，超乎形象，故名为"无"。万物生于天地，天地生于无。那么作为万物之母的"有"是什么呢？"有"是指道由原初状态演化为现存宇宙的第一个阶段，其特点是有实体而未分化，呈混一状态，它就是"道生一"中的"一"。天地或阴阳是"有"分化后的最初矛盾形态，这便是"一生二"中的"二"。天地或阴阳交感，形成多种多样的矛盾共同体，由此产生万事万物，便是"三生万物"。"无"在老子书中一指道的原初状态，二指道的超形象性。"有"在老子书中一指现存宇宙的早期混然未分状态，二指天地万物。"无"是形而上的，"有"是形而下的。

人们习惯了有的世界，并且认为它是唯一真实的。可是老子却发现并揭示了一个无的世界，它比有的世界更根本更有决定意义。可是这样一个无的世界却无法用正常的感觉和理性去把握，只能在静默中加以体认，所以老子说"常无欲，以观其妙；常有欲，以观其徼"，"妙"是指"无"的细微处，"徼"是指"有"的可感知性。

"此两者"应指"无"与"有"，"同出而异名"则意味着道是无与有的统一。从发生论的角度说，道是无中生有；从本体论的角度说，道体为无，道用为有，体即在用之中，无即在有之中；无与有皆为道的属性和形态，同出于道而有不同的称谓。无与有的辩证关系是很微妙的，故称为玄。道的本质和作用不仅不是表层的，也不是一般人认为的深刻，而永远是深藏的潜移默化的，所以说它"玄之又玄"，宇宙间一切微妙的玄奥的道理皆源之于道，故道为众妙之门。

有人说，老子既然说"道可道，非恒道"，就是认为恒久的大道不可言说，那么他为什么还要写下五千言呢？这岂不是自相矛盾吗？当然不矛盾。大道不可言说是指大道的内涵不能用普通的叙述性语言正面加以宣示，但不等于不能用启示性的语言加以指点。例如说："什么是母爱？当你有了孩子，便会知道了。"这句话并没有直接告诉你母爱的内涵，但告诉了你懂得母爱的途径，这便是亲身体验。世界上许多事情都不是语言能够正面充分表述的，善于运用语言的人，总是用语言启发人，同时指出语言的局限性，让听的人超越语言，去更好地把握对象的本质。大道更是如此。在老子眼里，大道是原初世界，是终极真理，它存在于语言之外，又非语言能完全表达，只能"强字之曰道，强为之名曰大"（二十五章），勉强加以形容而已。在这里老子提出真理与语言的关系，其本意是说明真理需要语言，但不能执著于语言，不能拘泥于语言，因为语言本身不过是表意的工具，它不是真理本身，而且运用不当还会掩盖和歪曲真理，所以老子说："信言不美，美言不信；善者不辩，辩者不善"（八十一章），孔子也反对"巧言令色"。中国历史上有"言意之辩"，最早见于《易·系辞上》"子曰：书不尽言，言不尽意"，到魏晋时期，言意关系成为一个热门话题。王弼在解释《周易》时指出："尽意莫若象，尽象莫若言"；又进而指出："得象而忘言"，"得意而忘象"；又进而指出："得意在忘象，得象在忘言"。象是卦象，言是卦爻辞，推而广之，象言可泛指一切表述工具。意是思想内涵，它与客观真理相一致。王弼承认语言表达思维的功能，但认为人们在运用语言接通真理之后，必须忘掉语言，才能获得纯粹的真理，在这个时候如果还念念不忘语言，就会受到语言的干扰，无法使自己与真理一体化。我们平常讲"过河拆桥"，这必须是到达彼岸而义无反顾的人才如此做，还思念此岸并想折返的人是不会拆桥的。王弼曾用"言意之辩"发动了一场经学革命，一扫汉儒的象数之学，突显了《周易》的精神实质，有其理论的合理性与历史功绩，若从源头上讲，皆受启于老子"道可道，非恒道"这句话。

那么，老子所谓的大道究竟应顺着什么样的思路去把握呢？大道又如何成为众妙之门呢？这个问题让我们留待下文慢慢道来。

# 二章

天下皆知美之为美，斯恶已；皆知善之为善，斯不善已。故有无相生，难易相成，长短相形，高下相盈，音声相和，前后相随：恒也。是以圣人处无为之事，行不言之教。万物作而弗始，生而弗有，为而弗恃，功成而弗居。夫唯弗居，是以不去。

📖 新说

**相反相成**

通行本《老子》为"高下相倾"，据帛书本《老子》校改为"高下相盈"，意思是高的与低的互相包含。这一章有两个重点，一个是讲事物的矛盾现象，一个是讲圣人的气象。

发现和表述对立统一规律的普遍性，老子当居首功。在两千五百年以前，老子就看出事物总是相反相成，相比较而存在的。善与恶，美与丑，同时发生，相互依存。一个事物总是在与它相对立的事物中反射出自己的本质，这是一条恒常的规律。老子辩证思维的水平在当时是无与伦比的，这说明了他的思维的早熟性，令人惊异。中国哲学有深厚的辩证法传统，与受到老子哲学的熏陶有密切关系。

在诸多矛盾之中，老子特别重视美与恶、善与不善的矛盾，把它们放在首位，因为它们是社会生活中最令人关注并且最费人思虑的问题，这便是社会道德问题。有善即有恶，有恶即有善，善与恶相比较而存在，相斗争而发展，总是形影不离。对治恶的办法便是提倡善道善人善事，惩处恶道恶人恶事，即是扬善抑恶，古今中外，莫不如是。可是问题并没有稍为缓解，有时候反而加剧，这是困惑有识之士的大问题。康德曾经说过："有两件事物，我们愈不断及专注向它们作反省，便愈益感到凛然敬畏。这两件事物便是在我上面充满繁星的天空，和在我里面的道德律。"（《实践理性批判》）可见道德问题同宇宙奥秘一样深不可测。对付社会丑恶现象，其上策是加强人文素养教育，树立良好社会风气，如孔子所说："导之以德，齐之以礼"，然后辅之以法律管制；若仅仅依靠行政手段和法律制裁，不仅达不到孔子所说的"导之以政，齐之以刑，民免而无耻"的水平，还可能出现"道高一尺，魔高一丈"的情况，那便是下策了。试看今日西方世界，警力不可谓不强大，法律不可谓不严密，然而吸毒贩毒集团实力日益扩大，手段日益巧妙，如癌细胞扩散一样严重毒害着人类健康的机体。老子认为善与恶的斗争将是无休止的疲劳战，永无胜利那一天，因而不是根本解决办法；根本的解决办法是通过无为而治的政治，使民众返朴归真，使人性回到本初的纯厚天真状态，诚能如是，便可超越善与恶，而达到无善无恶，也就是普遍的善，是至善。老子说："圣人处无为之事，行不言之教"，无为之事便是顺任自然，不言之教便是以身作则，能行此两者便是无为而治，民众自然趋于纯朴。若是统治者贪权敛财，却企图用道德说教和刑法礼制约束民众，则民众不会服从，只会变得越来越狡诈，所谓德治只能是骗人的空话。当窃国者为诸侯，当"服文采，带利剑，厌饮食，财货有余"的强盗头子把持国政的时候，怎么能够消除窃钩之贼和使民不为盗呢？

老子推崇的圣人，其最大的特点是"万物作而弗始，生而弗有，为而弗恃，功成而弗居"，按照陈鼓应先生的说法，"弗有、弗恃、弗居，即是要消解一己的占有冲动"，而占有欲乃是人类社会争端的祸源。得道者协助万物发生成长结果，却没有任何主宰意识，这是一种大公平等的精神，这种精神与近现代的民主意识和共事共享理念是相通的。这种精神的人性论根据便是母性。母亲对子女的爱是无私的，出于天性，不要回报，默默奉献，真正是生而不有、为而不恃、长而不宰的，所以母爱是伟大的。将母爱精神扩大起来爱同胞爱人类，便是老子心目中的圣人。当母爱精神普遍为人类所接受的时候，便是大同世界。

二章

# 三 章

不尚贤，使民不争；不贵难得之货，使民
不为盗；不见可欲，使民心不乱。是以圣人之
治，虚其心，实其腹，弱其志，强其骨，常使
民无知无欲。使夫智者不敢为也。为无为，则
无不治。

📖 新说

## 反朴归真

这一章可作两种解说，一种是
批判性的，一种是阐扬性的，各有
不同的着眼点。批判性的解说曰：
尚贤有利于治国，而老子否定之；
难得之货固然不必崇尚，亦无法取

消，民之为盗与否，原因不在于此；欲望人人有之，不见可欲无法使之消除，皆为不可能之事。又曰："虚其心，实其腹，弱其志，强其骨"，就是要民众作四肢发达大脑蠢笨的人，这样便于统治，这是贵族阶级的愚民政策。这样理解本章，固然有其道理，但比较表面化。假如我们深一层去观察，就会发现许多智慧的闪光。因此应该作阐扬性的解说，其说曰：尚贤虽非，而引发功名之心，刻意而求之，相与而争之，使尚贤之举变成争名逐利的斗争，结果成功者之中，假贤人多，真贤人少，这难道不是历史吗？珠宝金玉、稀世珍品，世所难求，而常为祸患之由：一人有宝，则盗贼随之；一家有宝，则世代不宁；一国有宝，则外强入侵——福耶？祸耶？人为财死，鸟为食亡，福耶？祸耶？欲望固然人人都有，但需与理智取得平衡；禁欲固然不可能，纵欲也不可取。因此人们需要有一个健康合理的生活：一方面主观上要有很强的自我控制能力，有选择地接受外来信息；另一方面也要创造一个良好的文明环境，使人的身心时刻受到文明熏陶，特别对于儿童，净化环境尤为重要。世界各国都在打击黄毒（淫秽制品）和白毒（白色麻醉品），抵制各种有害身心健康的颓废、暴力、变态、恐怖的影视片发行，实际上就是在实践老子的主张："不见可欲，使民心不乱。"至于说这一章是否在宣传愚民政策，只要我们注意到两点，便可以清楚了。首先，历来的愚民政策是君智民愚，唯其如此，才能达到君以智驭使愚民的目的；而老子则讲君愚民愚，圣人亦愚，上下一齐愚，故曰"圣人处无为之事，行不言之教"（二章），"圣人为腹不为目"（十二章），"我愚人之心也哉！"（二十章），"其政闷闷，其民淳淳"（五十八章），老子认为只有为君者先愚，才能使百姓愚起来。其次，在老子的词典里，"愚"不是今日所谓蠢笨的贬义，而是质朴天真的含义，愚人正是老子树立的理想人格，是得道者的气象，老子希望整个社会的人群都能回归纯朴的本性，则天下就无不治了。如果明了上述两点，再来看"圣人之治，虚其心，实其腹，弱其志，强其骨，常使民无知无欲"，便可作下述解说：得道者治理国家，要净化人民的心灵，使之清纯无私；要满足人民的生活需要，使之精气充盈；要减弱人民的争夺贪求的心志，使之平和安宁；要强固人民的体魄，使之少病健康；常使人民没有奸诈的俗智，没有自私的欲念。

老子看到社会文明发展的一大难题：随着智力的增强和知识的增多，人们的质朴本性却在丧失，如何使人们在成熟的同时不失赤子之心是非常困难的。老子的解决办法未必得当，但是问题的提出却是颇有价值的。我们身边有的人是大学问家，到老仍然诚实朴素，不会撒谎；但也有不少人随着年纪的增加和阅历的丰富，变得世故圆滑；有的年纪不大，却已经失掉了青年人的纯真，学会了阿谀逢迎、钻营取巧那一套所谓的处世之道，这是相当可悲的。学校教育存在着偏差，相当时期以来只注重知识技能的传授，而忽视内在品性的培育，或者欲加强德育而不得其法，这个问题必须解决，否则社会的病态是不可能从根本上得到医治的。

# 四章

道冲，而用之或不盈；渊兮似万物之宗。挫其锐，解其纷，和其光，同其尘。湛兮似或存。吾不知谁之子，象帝之先。

📖 新说

## 万物之源

这一章讲大道的根源性和无限性。"挫其锐，解其纷，和其光，同其尘"四句，马叙伦、高亨认为是衍文，陈鼓应疑是五十六章错简重出，暂且放到五十六章一并解说。

"冲"训作虚，道体虚无，故

曰道冲。"而用之或不盈",正是由于道体虚无,其作用才永无穷竭之时。虚无则有无限含藏,所以才能生生不息,成为天地万物的总源泉。反之,任何实有,哪怕是非常非常巨大,它也是由其他的实有所派生,并且也只能产生有限的事物,所以万有的总根源只能是具有无限性的虚无。黑格尔说:"无限在继续产生方面决不会缺乏材料",又说:"它包含一切于其中,并且支配着一切,它是神圣的,不死的和不灭的。"(《哲学史讲演录》)总之,道是生生者,不是被生者,它是万物也是天帝的终极祖先。

根源性意识是人类所独有的文化意识,凡事都要问个由何而生从何而来的问题,然后才能得到满足。凡事有根则牢,无根则浮,有本则固,无本则离。一个民族的文化也是如此,根深则叶茂,根浅则经不住风霜,容易枯萎。"返本开新"这句话很具有辩证精神:返本而不能开新,则不免僵化;开新而不能返本,则不能持久;所以文化建设一定要把回归本源与开拓创新结合起来。我们中国人在过去一段时期中的文化发展上有一个大的失误,就是要弃本而开新,用心不可谓不苦,用力不可谓不巨,但所开出的新文化往往漂浮时髦的多,生根开花的少，就是因为没有很好接续上自己文化的源头活水，这是一个严重的教训。如果我们想使自己的思想行为事事有本，件件有根，那就必须首先承认天地万物有一个总的根本，因此万事万物才会各有根本。老子的功绩在于他要穷根究底，找出宇宙的总根本，这便是道。宇宙有了道就不再是散乱的无序的宇宙，而是系统的有序的宇宙，宇宙本来就是如此，只是一般人意识不到而老子意识到了。中国人寻根意识是强烈的，一个家庭寻根要从近祖寻到远祖，整个中华民族寻根要寻到炎帝黄帝。法家寻根要寻到君王，儒家和墨家寻根要寻到天命或天志，只有道家老子寻根一直寻到具有无限性和终极性的大道，从而使寻根得到了彻底解决。道是总根，其他根都是分根。分根具有相对性，它们都为道所派生，又都派生其他事物。总根是超乎相对性的，它是万物之母，它之上再没有母，所以可称为"唯一母体"，这"唯一母体"只有无限性的虚无能当之。从此，中国文化就由大道统领起来。大道的发现不仅使中国文化具有了系统性层次性，而且也为世界文化提供了具有普世意义的根源性理念，它可以为各种哲学各种宗教所接受，成为联系多元文化的桥梁。

# 五章

天地不仁，以万物为刍狗；圣人不仁，以百姓为刍狗。天地之间，其犹橐籥乎？虚而不屈，动而愈出。多言数穷，不如守中。

## 📖 新说
### 至仁不仁

刍狗是草扎成的，供祭祀时使用，祭则用之，毕则弃之，人对刍狗并无爱怜的成分。天道自然，它对万物没有感情好恶，而万物自生自灭，故谓"不仁"。如草木春夏生长，秋冬凋落，并非天地爱恶交替，实乃自然之道。钱锺书说：

"刍狗万物，乃天地无心而不相关，非天地忍心而不悯惜。"（《管锥编》）设若天地有意志有感情，既造作万物，又扶养之，护爱之，则必然顾此失彼，而万物不能自理自长，不可能实现普遍的真正的爱，反而不如天地无心而能包容普利万物。所以天地之不仁，实际上是超越了一般的仁，实现了最大的仁。

圣人效法天地之道，对百姓实行无为而治，为百姓创造自生自养自富自化的条件，而使百姓各顺其性，各得其所，各尽其才，并不需要去具体关照爱护，因为有所爱便不能遍爱，所以不如纯任百姓之自然，此即是"不仁"，亦即是大仁。有为之仁，必生偏弊，反不仁矣。一般人看到老子这段话，误认为老子反对仁爱之道，其实老子看到儒家仁道有局限性，想超越仁而为至善至仁。庄子说"至仁无亲"、"大仁不仁"，又说"相濡以沫，不如相忘于江湖"，这些话可以注解老子的"天地不仁"、"圣人不仁"。道家的思想包含着许多深刻的智慧，需要我们认真体会，不可被字面浅义所局限。拿社会管理的类型来说，至少有三类：一类是管理者作威作福，欺压百姓，行残忍之道，这是最不可取的，应予革除；一类是管理者仁民爱物，关心百姓疾苦，行慈善之道，这是很可贵的，应予赞赏；一类是管理者无为而治，虽不具体关照，却能使百姓各尽所能、自谋幸福、自相治理，这是行自然之道，比行慈善之道更难也更可贵，因为做到了使群众自己管理自己而不需要少数人的恩赐。当然社会一下子达不到这种地步，那也要争取慈善之道与自然之道并行，逐渐向自然之道过渡。一个地方的领导者，不能满足于访贫问苦、救困济穷、修桥补路，这些事情有专门的机构或团体来处理，领导者不必事事过问，而应该把主要精力用来改善社会大环境，顺应社会发展的趋势，开发物力和人力的资源，为百姓的普遍就业和致富，创造良好的基础和前提。有了这样的基础和前提，百姓就会通过自己的劳动和努力，建设出幸福的生活，这就是无为而治，这就是大仁或至仁。相比之下，领导者忙于慈善事业而不行自然之道，只能称之为小仁；如果领导者行小仁是为了沽名钓誉，那就是伪善了，更不足取。再比如，住房狭小，老少三代挤在一起，能够"相濡以沫"比整日吵架要好得多；大杂院里住户众多，低头不见抬头见，互相关怀，真诚帮助，邻里相亲，当然是好事情。可是人们仍然向往各家能有一套宽敞的住房，每人能有一间纯属

五
章

于自己的卧室，从而避免互相干扰，哪怕"相忘于江湖"，也要比挤在一起的"相濡以沫"好得多。所以小胡同大杂院一个一个不见了，现代化单元楼房一座一座出现了，尽管一些人表现出绵绵不断的怀旧情绪，可是大家仍然喜气洋洋庆祝乔迁之喜，因为人们拥有了更大的更舒适的生活空间。当然现代化楼群也不是最理想的，因为它产生了一个新的矛盾：一方面是家与家之间的隔断，加剧了人们的孤独感；另一方面家与家之间在更大空间中的拥挤，引发了许多新的矛盾，没有自己的院落，缺少公用的绿地，人们不免有生活在牢笼之中的感觉。所以理想的居住区应该是儒道互补的，它要使亲友和邻里分而不离，它要使人和自然相融一体，我们应该向这个目标努力。

老子在本章中用橐籥即风箱比喻宇宙太虚之象，其间无形而有气，气不可竭，越发动越流行，永无尽时。这里仍然在说明道体虚无，虚无则无限，无限才能生生不息；而道体的发用流行便是气化的过程。

"多言数穷，不如守中"，这里是指政令不要太多太繁，否则崇末而离本，愈治而愈乱，不如坚持中静之道，守母以存子，则本末兼得。一个好的领导者懂得要言不烦，不言则已，言必中的；如果天天讲话，则听者感受迟钝，当成过耳之风，起不了什么作用，这是很愚蠢的。再者，"中"字很重要。儒佛道三家都主张守中，而其中有异有同。其同在于三家都不赞成偏颇之言，极端之行，都想有个最佳选择。其异在于儒家之"中"便是"中庸"之道，是人伦道德的最佳状态；佛家之"中"是中道之义，是在出世与入世之间找出最佳的结合点；道家之"中"是本然道性，返朴归真即为守中。二十八章谓"知其雄，守其雌"，五十二章谓"既知其子，复守其母"，其所谓"守"，皆指守道，也就是守中，因为大道是无所偏私的。

# 六章

谷神不死，是谓玄牝。玄牝之门，是谓天地根。緜緜若存，用之不勤。

📖 新说
## 天地之母

山间川道为谷，取其空虚深藏之义。"谷神"即是天地万物的生殖之神，由于它是无限的空虚，所以可以无限地生养万物。"玄牝"是生殖之母，玄者深远也，牝者雌也，这里"玄牝"就是生生不息的大道，它是天地的总根源，它生化万有从不间断，也从不穷竭。

由这一章可以得知，老子在思考宇宙大道化生万物的时候，是受启于女性的生殖活动，换句话说，是源于古代的女性生殖崇拜，所以老子用女性生殖的话语来形容大道。女性的子宫是中空的，所以能生养胎儿，而且能连续地生养。每个人原本是不存在的，都是从母体中发生出来的，因此都是"无中生有"，最后是"有复归于无"。整个五千言中，老子常常使用女性生育的词汇来形容大道产生万物，如十章"天门开阖，能为雌乎？"二十五章"可以为天地母"，五十二章"天下有始，以为天下母"等，我们见不到男性生殖文化的词语。由此可知，老子的哲学，其源头比儒家更早，当生于母系氏族社会的生殖文化，不仅源远流长，而且强调以柔克刚，具有鲜明的女性特色。

# 七章

天长地久。天地所以能长且久者，以其不自生，故能长生。是以圣人后其身而身先，外其身而身存。非以其无私耶？故能成其私。

## 📖 新说
## **大我无我**

老子认为万物和人来源于天地，因此人类社会的正常行为应效法天地自然之道。人们观察到万物和人都不断在生灭，唯独天地自古即存在。老子自问自答：为什么天地能够长久存在呢？因为天地"不自生"。"不自生"包含两层意思：

一是天地不自营一己的生命；二是天地不断化育万物。天地为公不为私，所以才能长久。人应当效法天地，也为公不为私，那么这样的人必受爱戴，而能成为人们的榜样，充分实现他的价值。本章中"无私"之"私"是指"小我"，"成其私"之"私"是指"大我"。佛学讲"无我"，其实也是指无小我，所谓"涅槃"四性：常、乐、我、净，其中的"我"便指大我。现在人们喜欢讲自我价值实现，这句话本身没有错，问题是如何实现自我价值。一种方式是损人利己，把自我变成他人的对立面，其结果是法律惩之，他人恨之，亲友叛之，良知谴之，其精神生命已经受到严重损害，还有什么自我价值可谈呢？至多不过是满足其一时之私欲罢了。所以损人利己者最后都是损人而害己，使自己堕落。另一种方式是利人利己，把有利他人、服务社会看成是实现自我价值的同一过程。对社会贡献越大，自我价值就越大，所以真正懂得利己者必然主张利他，因为他知道只有在成就社会事业中才能成就自己的生命。老子讲以其无私故能成其私，佛家讲自利利他，儒家讲成己成物，都是公私统一论者，他们看到了社会与个体的一致性，都主张扩大个体的生命空间，使它能包容社会和他人。

# 八章

> 上善若水。水善利万物而不争，处众人之
> 所恶，故几于道。居善地，心善渊，与善仁，
> 言善信，政善治，事善能，动善时。夫唯不
> 争，故无尤。

📖 **新说**
**水德颂**

这是一篇水德颂。老子认为水最能体现道的品格，与大道的精神接近或相通。主要是三点：一是水性柔弱，任顺自然；二是水德公而无私，造福天下；三是水体处下处卑，不争居后。水德与庸人之行

正好相反，是超越于世俗社会的。有些人远离大道，专门利己，毫不利人，又争强好胜，争名争权，不仅不甘居后，连老二也不愿当，只想当老大，把一切好处归于自己，把一切坏事归于别人。从道家的眼光看，他们争到的不过是一些眼前利益，却丧失了道义和人心，他们不是成功者而是失败者。老子提倡不争之德。不争并不是无所事事，也不是所谓谦谦君子，而是不争名利不争权位，对于一切有利于民众和社会的事，得道者应当积极去做，全心全意去做，像水善利万物那样。所以本章在提倡水德的同时也提倡人积极参与社会生活，以高度的智慧把应当做的事做好，例如待人善于爱敬（"与善仁"），言语善于守信（"言善信"），政事善于治理（"政善治"），办事善于发挥特长（"事善能"），举措善于趁时（"动善时"）。如果在待人处事之中，处处争执计较，必然事事不顺，难以成功。反之，以不争之德去待人处事，便能够协调关系、因事制宜、求实从真、秉公办理，事业便容易做得好，这是无数事例反复证明过的。一些学者曾经指出中国人有一个不好的积习，便是"窝里斗"，把大量的精力和时间消散在"内耗"上，往往导致事业的失败。究其原因，往往是个人的争利争权所致，私心太大，所以难以持久合作。小到一个单位一个群体，大到一个民族一个国家，只要内部争斗不已，便不能有事业的兴旺，内部不争，才能齐心致力于理想的目标。本章所说"夫唯不争，故无尤"，乃是生活的真理。

当然，社会总是要有竞争的，没有竞争便没有进步。尤其是现代社会，在政治、经济和文化上，在国际事务上，充满了复杂的斗争和竞争。在竞争中择优汰劣是必要的，因此人们要学会并善于竞争。这和老子提倡的不争之德是否矛盾呢？我认为并不矛盾。首先我们要争的是真善美，而不是假恶丑，所以老子提倡人们"善利万物"。其次，以什么方式来争？不以损害别人的不义方式来争，而以争做善事争求善道的方式来争，这是一种和平和健康的竞争，这样的竞争老子并不反对。最后，竞争不能急于求成、立竿见影，而要按照客观规律办事，即老子强调的顺任自然，水到渠成。欲速则不达，不争而成大争，这是事物的辩证运动。本章强调，得道者不仅要"善利万物"，还要"处众人之所恶"，即主动担当最困难、最险恶、最困苦的大任，这样做没有高度的牺牲精神和坚强的毅力是办不到的，所以学习水德正是修道要务，不是件轻而易举的事情。

持而盈之，不如其已。揣而锐之，不可长
保。金玉满堂，莫之能守。富贵而骄，自遗其
咎。功遂身退，天之道也。

📖 新说

**进与退**

这一章讲"谦受益、满招损"
的道理。为人之道，不可骄奢自
大，锋芒毕露，应当平淡谦和，进
退自如。特别是富贵人家，一有财
富，二有地位，便目中无人，傲视
故旧。有的人原本很朴实，一升官
便摆谱，一有钱便使性，所以民间

评论曰：一阔脸就变。这样的人，乃是人格未定型或不成熟者，因为他的做人之道是受身外之物支配的，没有内心恒持不变的品格。其实真理是朴实的，人应当像真理那样朴实，不管社会地位、生活条件有多大的变化，人品应当不变，自我不能丧失，你还是你，我还是我，永远是他自己。如果说要有变化，只能是随着地位的提高和财富的增多而更加谦逊有礼，更加谨慎留意，以防止富贵带来的负面作用。本章所说的"金玉满堂，莫之能守。富贵而骄，自遗其咎"的事例，在古今中外是不胜枚举的。远且不论，近如蒋、宋、孔、陈四大家族，而今皆凋零四散，他们都曾经不可一世。一个人要一生大节不亏并不容易，一个家族要长盛不衰愈加困难，一个政权要永葆稳固则更为艰巨。如果真正懂得事物运动有兴有衰、人生过程变化无常、社会发展新陈代谢的道理，就应该"功遂身退"，在事过境迁之时主动让位，顺应天道人心，提携后进，扶植新生事物，自甘隐于幕后。"功遂身退"之"退"，一是引退，二是敛藏，这是中国历史上最早出现的关于社会管理者退休的思想，是很了不起的思想。可是现实生活中，留恋权位的大有人在，执而不退，退而不休，违背自然规律，徒惹人烦，自我也不得清闲自在，这样的人最好能读读《老子》，学一点道家的风度，这于人于己都是有好处的。

# 十章

载营魄抱一，能无离乎？专气致柔，能如婴儿乎？涤除玄鉴，能无疵乎？爱民治国，能无为乎？天门开阖，能为雌乎？明白四达，能无以知乎？生之畜之，生而不有，为而不恃，长而不宰，是谓玄德。

## 📖 新说

### 玄鉴与玄德

"玄鉴"，通行本作"玄览"，据马王堆帛书本校改。本章的重要在于炼养理论的提出。"营魄抱一"亦即形神合一，这是道家炼养的重要原则，后来发展成为"性命双修"。性功即心理训练，重在炼神；命功即生理训练，重在炼形；双修者，强调性功与命功不可分割。"专气致柔"是讲积精累气，使身体柔和如婴儿，恢复生命的青春，由此发展出后来的炼精化气之说，成为后世气功之源头。"涤除玄鉴"即是排除私心杂念，返观内照，由此发展出"筑基炼己"、"内视"、"守一"等功法。

在儒、佛、道三家之中，道家最重养生。儒家重在养德，而对生理生命未免有所忽略。佛家重在养神，把肉体视为枷锁牢笼，故提倡破"我执"，当然不会看重养形。唯有道家兼重形神之养，探讨健身长寿之道，给后人留下丰富的养生文化资源。老子便是养生之祖，他的修道理论，既有生命哲学，又有养生方法，主张形神结合，强调炼气与澄神，为后来道家和道教的炼养术奠定了基础。人的生命有两个层次：精神生命和生理生命。精神生命是主导，生理生命是基础，不可偏废。精神生命偏枯或紊乱，心理失常，纵有强健的体魄，也不是一个健康的人，而且也很难做到身体安泰。反之，精神高尚而生理上多病残弱，则其生理生命不足以支持和滋养其精神生命，也是十分令人遗憾的。活得健康，活得长寿，这是人的本性追求之一，是人类的重要幸福目标。所以道家兼重形神的养生之道是很有价值的，认真加以开发，将造福于当代和未来的社会。

与西方的养生之道相比，老子的养生之道具有柔性的特点，强调提高内在的生命活力和自我调节，使个体生命具有柔和的弹性。西方的养生之道则具有刚性的特色，用激烈运动和科学训练来增强体魄，但忽视精神的提升和生理的自然运行，其竞技体育往往损害健康，这是需要反省的。

"玄德"者，无形的深远的大德，得道者善利万物而不自居其功，亦不追求支配权，其功德百姓日用而不知。能备玄德者其唯圣人乎。今天我们讲"全心全意为人民服务"，与玄德精神是相通的，只是实践起来太难了，只能作为一个理想的目标起导向作用。

三十辐共一毂，当其无，有车之用。埏埴
以为器，当其无，有器之用。凿户牖以为室，
当其无，有室之用。故有之以为利，无之以
为用。

📖 新说
**有以无
为用**

　　本章集中说明"有"与"无"
的关系。这里的"有"与"无"，
还不是本体论高度的，但为道家的
本体论哲学提供了经验性的说明，
初步奠定了生活层面的基础。一般
俗见，总认为有形象的器物才有实

用价值，看不到无形象的空间的作用。老子指出"有"之所以为利，皆赖"无"以为用。例如车轮之毂中空，才容得车轴，从而实现车轮的转动；各种人工的器皿，正是由于中空无物，才能装盛物品；盖房屋中有空间，才能住人安家。由此可知，有形之物离不开无形之空，后者比前者更重要。其实整个宇宙都是由有形和无形两大世界交织而组成的，社会生活和个体生命亦复如是。例如我们说"生存空间"、"精神空间"、"发展余地"、"广阔前景"，都是指现存有形事物之外的无形场所，它为有形事物的活动提供了必要的条件。

中国建筑学家梁思成赴美拜访建筑大师赖特，向他请教建筑理论。赖特告诉他，建筑理论的鼻祖在中国，就是老子。"凿户牖以为室，当其无，有室之用"这句话提出了最早的建筑学原理，用现代的话语表述就是：房屋建筑的本质是创造特定的空间，供人使用。由于建筑目的不同，建筑设计不同，建筑材料不同，建筑手段不同，才有了多姿多彩的建筑物，美化了这个世界，提高了人类生活的质量。但是归根结底，房屋建筑的目的仍然是创造各式各样的空间，以适应人类的多种需要。

"空间"的概念还可以加以扩大，不仅有物理的空间，还有事业的空间、文化的空间等等，都要靠人去创造它、发现它、扩展它。有些空间不能重叠，人一多便造成拥挤，例如就业岗位、学校容量、城市住房等。但有些空间是可以交叉并相得益彰的，例如精神空间，每个人都可以主动开拓自己的精神空间，而不会造成互相碰撞。有些空间并不拥挤而又适于自己，需要在知己知彼的基础上去发现去建造，例如根据社会的需要和个人的特长在社会上找到自己特定的工作岗位，避开热点，开拓新路，像庄子说的那样，"以无厚入有间"，便可以在社会生活里游刃有余，从容自得，这就需要较高的智慧。每个人都去努力发掘你身边无数个"有"背后的"无"，那么你的生存空间便是广阔无垠的了。

# 十二章

> 五色令人目盲；五音令人耳聋；五味令人口爽；驰骋田猎，令人心发狂；难得之货，令人行妨。是以圣人为腹不为目，故去彼取此。

📖 新说

## 外乐与内乐

本章没有区别正当的娱乐和过度的享乐，容易引起歧义和误解。但本章的主要矛头，是批判贵族的享乐主义，其享乐特点是奢侈浪费，追求外部感官刺激，而以心理和生理的失常为代价。这种批判具有历史感，又具有超前性，似乎是针对今天社会中腐朽侈靡生活方式而发的。现代时髦派的享乐，追求灯光的闪烁、音响的噪锐、节奏的快速、刺激的新奇、肉欲的高潮，常常使人心态癫狂。社会应该拒绝这种消极、颓废的娱乐方式。

《淮南子》说："耳听朝歌北鄙靡靡之乐，齐靡曼之色，陈酒行觞，夜以继日，强弩弋高鸟，走犬逐狡兔，此其为乐也，炎炎赫赫"，一旦"解车休马，罢酒撤乐，而心忽然若有所丧，怅然若有所忘也。是何则？不以内乐外，而以外乐内，乐作而喜，曲终而悲，悲喜转而相生，精神乱营不得须臾平"。（《原道训》）人的本性都追求快乐，但什么是快乐，却没有一致的看法，也未必都想得明白，因此各有各的追求，各有各的过法。不过，快乐是有雅俗之别的。《淮南子》把人的快乐分为以外乐内和以内乐外两种是有道理的。前者即是我们所说的寻求感官刺激，这种快乐可以达到极度兴奋，但又容易消退，因为它是外在的，故而是暂时的，一旦外部刺激停止，便会乐极生悲，产生空虚、寂凉的感觉。后者即是我们所说的内在的精神的快乐，它是由高尚的行为、创造的劳动、艺术的素养、人情的关爱等因素而形成的，具有恒久的作用。当然，感官的享受在一定限度内是合情合理的，也可以说是一种内在的需要，但应该和精神的享受结合起来，提高它的层次。以外乐内和以内乐外结合起来，这样的快乐会比较理想。

现代西方娱乐的特点之一是速动的、强刺激的，包括电子游戏、摇滚音乐、游艺世界等等，都是如此。但道家却追求一种宁静自得的快乐，这是一种东方式的快乐，颇值得我们思索。在这个动荡不宁、变幻莫测、竞争激烈的现代社会里，能够过一种宁静自在的生活，确实是难得的享受，细细品味人生的乐趣和大自然的美景，身心得到的不是刺激而是陶冶。儒家有"孔颜乐处"，乐在道德事业。道家有"老庄之乐"，乐在道德自然。两者皆寓道于乐，高洁清雅，脱俗不凡，只有求道者才能受用它。

# 十三章

宠辱若惊，贵大患若身。何谓宠辱若惊？
宠为下，得之若惊，失之若惊，是谓宠辱若
惊。何谓贵大患若身？吾所以有大患者，为吾
有身，及吾无身，吾有何患？故贵以身为天下，
若可寄天下；爱以身为天下，若可託天下。

📖 新说

## 宠辱不惊

老子的眼光是非常犀利的，他
看到依附于他人者，必然患得患
失，得宠则惊喜，失宠则惊恐，精
神上是无法平静自在的。而得宠和
失宠，其支配权在他人，故日夜不

安，得时恐失，失时更恐。究其原因是有求于人，不能自立自主，又不能无私寡欲，只好委屈自身，追随在权势者左右。社会总有领导者和被领导者，但他们之间的人格应是平等的，不应存在人身依附的问题，忠于职守是为社会服务，不是为某个领导人服务，大家都应当是民众的公仆。果能如此，就不会宠辱若惊，而会宠辱自若了。古语云："无欲则刚。"诚哉斯言。

本章所说"有身"，是指以自我为中心，私欲膨胀，故患得患失。"无身"是指"外其身"、"后其身"，即为公不为私者，他只有天下的忧患而没有个人的烦恼，所以孔子说"仁者不忧"，其意与老子说"及吾无身，吾有何患？"是相通的。老子在本章最后几句话里，道出了一个极为重要的真理，即要把天下大事托付给能以贵身爱身的态度去对待社会民众的那些人。贵身就不会滥用自己的生命，爱身才懂得他人生命之可贵。这里有两层深义：一层是说，贵身爱身者能推己及人，体谅他人的生命感受，珍重他人的生命权益；另一层是说，真贵身爱身者，不会以身殉物、以身殉财、以身殉权、以身殉名，因此，他会重视健康的维护、操守的保持、精神的提升，不可能去做那些使自己堕落的贪污、弄权、欺世等坏事，因为这些行为正是在损害、糟蹋自己的生命。按照这样的理解，一个好的政治家，一方面应当大公无私，办事公道，有强烈的事业心和使命感，有牺牲精神和服务精神；另一方面应当通情达理，具有平常人的情感心理，并善于将心比心，去体察民众的疾苦和情绪。好的政治家不仅不能私心太重，也不能心理变态、不通人情，否则大家都要吃他的苦头。

# 十四章

视之不见，名曰微；听之不闻，名曰希；搏之不得，名曰夷。此三者，不可致诘，故混而为一。其上不皦，其下不昧，绳绳兮不可名，复归于无物。是谓无状之状，无物之象，是谓惚恍。迎之不见其首，随之不见其后。执古之道，以御今之有。能知古始，是谓道纪。

## 📖 新说
### 终极真理

通行本为"视之不见，名曰夷；听之不闻，名曰希；搏之不得，名曰微"，据帛书《老子》甲本校改。微者细小，故视之不见。

夷者平滑，故搏之不得。两相比较，帛书本得其真。

本章讲大道本体论。道体为无，玄之又玄，为形而上者，故视、听、搏等感觉不能把握。如果硬要讲它的形状，那便是"无状之状，无物之象"。道是混一的、连续的、无始无终的，以人们的平常智力，不能把它追究明白。"惚恍"者，似无而有，似有而无，在无与有之间。道体为无，道用为有；感官虽不能直接把握，经验却可以间接证实。王弼注云："欲言无耶，而物由以成；欲言有耶，而不见其形，故曰无状之状，无物之象也。"万物万事有道则生，无道则死。"执古之道，以御今之有"，以古证今，方知言道之不虚。

大道是否存在呢？它就存在于万事万物的背后，维持着这个世界的持续发展。我们看不到它摸不到它，却可以感受和推断它的真实存在，它的伟大力量。首先，这个世界是一个永恒运动、不断生化的世界，它的能量从哪里来？不是神的给予，而是它的内部有着永不枯竭的生机和动力，这便是道。其次，这个世界不是杂乱无章、一堆偶然性的凑合，在纷纭复杂的事物和运动变化之中存在着某种有序性、统一性和相关性，是有规律可循的，而它的最普遍最深层的规律便是道，因此人类才能在一定程度上认识和支配外部世界，形成科学理性。最后，人间存在着终极真理，这个真理的存在，把人类的文化联系在一起，引导着人们去追求它，在追求的过程中不断克服自身的弱点，不断改良人性、改革社会，使人类艰难地然而是不可逆转地迈向大同世界，这个终极真理便是道。人要求道，所以才有信仰，才有理想，才有进步的动力。由于以上三条原因，中国人相信大道的存在，以大道为信仰，学道、求道、修道、体道、行道，形成道的哲学、道的文化，即使在最苦难最曲折的年代，也不陷于悲观主义，而是坚信正义终将战胜邪恶，有道终将取代无道，保持着乐观向前的信念。

十
五
章

古之善为道者，微妙玄通，深不可识。夫唯不可识，故强为之容：豫兮若冬涉川，犹兮若畏四邻，俨兮其若客，涣兮其若凌释，敦兮其若朴，浑兮其若浊，旷兮其若谷，澹兮其若海，飂兮若无止。孰能浊以静之徐清？孰能安以动之徐生？保此道者不欲盈。夫唯不盈，故能蔽而新成。

📖 新说
**微妙玄通**

这一章描写得道者的气象，总的说是"微妙玄通，深不可识"，与普通人的浅薄外露大相径庭，所以也是普通人所不能够理解的。如果勉强加以形容，便是谨慎、戒惧、严肃、随和、质朴、浑厚、豁达、沉静、飘逸。他既与众不同，又不标新立异，既从容，又深沉，像潺潺的流水，像静静的山林，像慈祥的父母，像真诚的朋友。如果我们留心观察，在周围各行各业人群中，在领导集体和普通民众中，都会发现道家式的人物，具有某种得道者的气象，他寓不平凡于平凡之中，做人做事都比一般人高出一筹，却又皆出于自然，他使你亲近，却又使你敬仰，这是天性加修道得来的。

"孰能浊以静之徐清？孰能安以动之徐生？"谁能在混浊中使事情安静下来慢慢澄清？谁能在安定中使事情运动起来慢慢生长？当然只有得道者才能够做得到，因为这需要大智慧。我们常常可以看到这样的历史时刻，经过了大混乱、大动荡，社会需要安定宁静，需要正本澄源，需要总结经验，分清是非。例如在"文化大革命"结束之时，我们进行了拨乱反正，抛弃了斗争哲学，强调安定团结，这就是"浊以静之徐清"。"徐"字很重要，表示澄清是非要循序渐进，切不可以斗争哲学批判斗争哲学。我们也常常看到这样的历史时刻，经过了稳定和安宁，社会需要注入新的发展动力，需要启动新的生长起点，需要抓住历史给予我们的契机，加快前进的步伐。例如拨乱反正以后实行改革开放，又如经过一段调整以后把住房推向市场以激活经济，这就是"安以动之徐生"，它也需要以渐进的方式进行，揠苗助长非徒无益，而又害之。徐清与徐生交替运行，社会便会波浪式地前进。作为驾驭社会"行船"的管理者，永远不能自满，要不断地推陈出新，才能永葆社会的生机。

# 十六章

致虚极，守静笃。万物并作，吾以观复。夫物芸芸，各复归其根，归根曰静，静曰复命，复命曰常，知常曰明。不知常，妄作凶。知常容，容乃公，公乃全，全乃天，天乃道，道乃久，没身不殆。

📖 **新说**

**复命知常**

老子提出修道的根本功夫在"致虚"和"守静"，而且要做到极致，做到纯正。所谓"致虚"就是不能有杂念，不能有成见，不能有私欲。所谓"守静"就是没有干扰，没有波动，没有烦恼。若能做到"虚极"和"静笃"的程度，便是得道者了。后来的修道者，皆以此两句话为圭臬，离开了这两句话，便不是道家的修行。

本章提出"复"的理念，是对中国哲学的重要贡献。"复"即"反者道之动"之"反"，其特点是事物运动趋向本初状态，这是对宇宙、社会、人生运动发展规律的深刻揭示，只有"观复"，才能洞察世界的变化。例如：银河系就是在作旋转运动，这是宏观的"复"。太阳系的星体围绕太阳旋转。地球的公转和自转，形成一年四季和白天夜晚的周期性变化。人的一生，来于自然，归于自然，人们都追求叶落归根，回到家乡，回到祖先生活的地方。现实生活中，不管多么忙碌，正常的人们总想在工作之余，回到家里，安心休息，所以绝大多数的人都想有个家，有个和谐温馨的家。由此可见，返本归根是一般规律。根据这一般规律来实践人的生命的返本归根，便是宋儒提倡的复命之学。《周易》有"穷理尽性以至于命"的说法，宋儒认为，"穷理"即格物致知，"尽性"即充分发挥本性含有的善智之性，"以至于命"便是成就一个真实的生命和完满的生命，这个过程就是克服异化、回归自我的过程，用现代语言来说，就是找回自己。可以看出，宋儒复命之说是吸收了老子"观复"的智慧，是儒道结合的产物。

现代社会，人类越来越疏离自然，人性越来越疏离根本，因此百病丛生。"不知常，妄作凶"，有些人不懂得复根、复命的常道，却在那里逆天而行，逆道而为，于是造成灾难祸患而不知反省，岂不是很可悲的吗？

许多人都追求大全和恒久，却想用制服他人、化公为私的手段来达到，由于违背了常道，适得其反，往往成为众叛亲离的孤家寡人和匆匆来去的过客。老子指出，有容乃大，体道乃久。"知常容，容乃公，公乃全，全乃天，天乃道，道乃久"，明了常道者必有包容之心，能包容者必能大公无私，大公无私者能遍爱万物，能博爱者才符合天下一体的自然之道，能顺应自然者才是真正的体道者，同天体道者其精神生命是永垂不朽的。老子最具有包容、宽容精神，没有排他性，没有狭隘性，没有学派门户之见，因而他的学说可以与其他众家之说相沟通、相融合。历史上的老子和道家也正是以这种包容精神与儒家佛家相摄互动，像春雨那样滋润万物而无声息。很难找到固执门派的道家，但处处都看到道家的形影，这就是道家的特点，我们可以用"容乃公"来检验真假道家，合者为真道家，不合者为假道家。

# 十七章

太上不知有之，其次亲而誉之，其次畏之，其次侮之。信不足焉，有不信焉。悠兮其贵言。功成事遂，百姓皆谓：我自然。

📖 **新说**
**自然之治**

老子提出的政治理想是：政权属于人民，因此人民感受不到政权的压力，而能自由地做他们想做的事情，这就是"太上不知有之"。不得已而求其次，便是领导集团同情人民，国家治理卓有成效，得到人们的拥戴，这就是"其次亲而誉之"。比较差的政权是压迫人民，实行专制统治，得不到人民的称颂信任，但对社会有控制力和威慑力，这就是"其次畏之"。最糟糕的政权或领导人，既无德政，又无威力，人民轻蔑他、讥讽他，不把他放在眼里，这就是"其次侮之"，这样的政权或领导人除了赶快下台，别无出路。

"太上不知有之"的社会只是个理想，"其次亲而誉之"的社会是可以实现的，这是一个民主、自由、繁荣、富强的社会，领导阶层和民众之间没有对抗，没有仇恨，能够沟通，相对和谐，即所谓"政通人和"。在这一点上道家与儒家是相通的。孔子主张"为政以德"，"礼之用和为贵"，领导者要以德服人，不是以力服人。不过老子认为，真正的德政是无为而治，"处无为之事，行不言之教"，反对烦为言，苛为法，故提倡"贵言"。事情办好了，百姓都说自然如此，是大家的功劳，不是上面恩赐给我们的，因此不会有感谢救星的思想。《国际歌》里说："从来就没有什么救世主，也不靠神仙皇帝，要创造人类的幸福，全靠我们自己"，老子的话与《国际歌》是相通的。有人曾经说，最好的政府是无事可做的政府。这在现在固然是理想化的，但其精神是可贵的、深刻的。政府虽然不能无事可做，但至少要简政放权，尽量发动社会力量办各种事业，而不要包揽一切，特别不要包办代替它不应该也力所不及的事情。例如我们在过去一段时期里是"大政府，小社会"，经济生产、商贸服务、各类保险、文化教育、国际往来，一切都由政府包办下来，结果是百病丛生，艰难维持。改革开放以来，逐步简政放权，中国向着"小政府，大社会"的方向发展，政府的负担减轻了，事情做得反而更好了。一般民众也逐渐克服了对政府的依赖思想，而认清要自力更生。

"信不足焉，有不信焉"，领导者的民众信任度不够，是由于他有不值得信任的地方。所以增加信任度的途径并不是强制民众投自己的票，而是切实改进工作，为民众办好事，提高自己的威信。俗话说"公道自在人心"，孰优孰劣，大家心里是清楚的。

# 十八章

大道废，有仁义。智慧出，有大伪。六亲
不和，有孝慈。国家昏乱，有忠臣。

📖 新说
**人性异化**

这是老子对社会异化的批判。原始的朴素与和谐消失以后，人类文明既有了进步，又出现了异化，老子认为这不是理想状态。仁义之提倡是由于有不仁不义的事情发生；孝慈的提倡是由于有不孝不慈的现象出现；忠臣的表彰往往在国家昏乱、奸臣当道的时候；如果社会上下都在大声疾呼道德建设，可以断定这个时期的社会道德一定出了大的问题。有病则求医，有大病者求大医，这是确定不移的法则。"智慧出，有大伪"，智慧与伪善同生，这是人类尚未解决的一大矛盾。自然界是真实无妄的，所以孟子说："诚者，天之道也。"动物也不会作伪，有些动物会伪装，那是求生的本能，并不是故意盘算出来的。只有具备高度智慧的人类，才会造作出大伪，用以迷惑别人，达到自己不可告人的目的。有些人为虚荣心所驱使，戴着面具生活，把人生当成戏台，不断变换自己的角色，以便博取掌声和虚誉，此尚不足以成大害。更有少数人口蜜腹剑、两面三刀，是大伪人，若身居高位，为害大矣。尝读《袁世凯传》，其为人沉机默运，老谋深算，一方面暗中策划帝制，一方面高呼拥护民国，而且信誓旦旦，似若诚心不移者，不久便野心暴露，复辟帝制，虽未成功，却把一个稳定的民国加以葬送，造成了多年的军阀混战。人有智慧，做起坏事来，其危害要超过野兽猛禽不知多少倍，所以人一旦丧失了人性，是禽兽不如的。

老子认为儒家道德学说如仁义忠孝之类是救偏之学，不是治本之道。他认为以道治国，即恢复人的朴素本性和社会的原始和谐，才会从根本上救治不道德的弊端。那么，如何返朴归真呢？下一章提出了道家式的主张。

# 十九章

绝圣弃智，民利百倍；绝仁弃义，民复孝慈；绝巧弃利，盗贼无有。此三者，以为文不足，故令有所属：见素抱朴，少私寡欲，绝学无忧。

📖 新说

**见素抱朴**

本章有偏激之言，偏激之中却有深刻绝妙之处。"绝圣弃智"是指统治者摒弃用智巧权术治国，而化之以质朴之道，这样依靠众智众力，不是依赖领袖的个人才能，老百姓反而会得到真正的利益，因为不是少数人而是多数人都发挥了本然之才性。"绝仁弃义"并非否定仁义，八章讲"与善仁"，三十八章讲"上仁"、"上义"可证，而是弃绝有关仁义的说教，恢复人们天性中本有的孝慈，这样道德风气自然趋于淳厚。"绝巧弃利"也不是弃绝一切智巧和利益，前句讲"民利"可证，而是弃绝以智巧争胜和用私利导民，大家各尽所能，各得其所，则盗贼可以不禁而无。圣智、仁义、巧利，皆不足以成为一种独立的文化精神，它们应当服从一个更高的理念，即返朴归真，为此要"见素抱朴，少私寡欲，绝学无忧"，要拥有和显现素朴的天性，要减少私心欲望，要摒弃普通的"为人"之学，转向求道之学，这样就不会患得患失。

让我们深入分析一下"见素抱朴，少私寡欲，绝学无忧"这三句话。显现本然之素质，回归纯朴之性情，使人不丧失自我，这是人类进化中亟待解决的一个重大问题。学问要有，智慧要高，才能要强，但朴素的本质不能丢。老子并没有说"无私无欲"，而是说"少私寡欲"，私要少一些，欲要淡一点，这是保持人性内部"道德理性"与"情感欲望"之间合理平衡的必要前提。私欲太多，难免丧失道德理性，做出为法律为他人所不允许的损人利己的事情来，同时也使自己的人格扭曲。

俗语说："利令智昏"、"欲壑难填"。按照儒家的说法，利可求，欲可有，但要见利思义，以理制欲。按照老子的说法，便是淡泊私欲，清静自然。至于说"绝学无忧"一句话，则要作具体分析。学问当然不能禁绝，即使是纯知识纯技术，对于人类的生存和发展也是必不可缺少的。我们不能为了保持纯朴而回到无知无识的原始状态，不应该也做不到。我们的任务是使人类在增长知识技能的同时，不仅不会丧失本真，而且会由于智能的帮助而使本性更纯净，道德更完美。在这个世界上，有不少人既有学问有才干，同时又性情真朴、道德高尚，这给了我们信心，相信"返朴归真"与"人文化成"是可以同时并进和互补互动的。当然，有一类知识引导人们走向歧途，比如说海淫海盗海毒的有害文化，便应在禁绝之列。孔子讲人格三要素：仁、智、勇，"仁者不忧，智者不惑，勇者不惧"，这三达德互相依存，相得而益彰。《中庸》认为人的修德可以有两条途径：一曰"自诚明"，这是少数圣贤才能做到的，他们本性诚朴，然后以事理的明达使其完美；二曰"自明诚"，这是多数人的修德途径，他们先明事理，然后实践躬行，使自己的性情止于至善。可见为学是可以为修道服务的。

# 二十章

唯之与阿，相去几何？美之与恶，相去若何？人之所畏，不可不畏。荒兮，其未央哉！众人熙熙，如享太牢，如登春台。我独泊兮，其未兆。沌沌兮，如婴儿之未孩。儽儽兮，若无所归。众人皆有余，而我独若遗。我愚人之心也哉！俗人昭昭，我独昏昏；俗人察察，我独闷闷；众人皆有以，而我独顽且鄙。我独异于人，而贵食母。

📖 新说

**大智若愚**

本章可称为"愚人颂"，愚者真朴之谓也。得道者处处不同凡俗，俗人热心追求者，皆为老子所弃，所以在俗人的眼里，得道者是怪人，不通世情，甚至是顽劣笨拙，不如他们聪明。其实俗人不过有些小聪明罢了，卖弄这些小聪明往往误人误己，如《红楼梦》里所说："机关算尽太聪明，反误了卿卿性命"，在泥污之中而自以为得意，真是可悲啊！俗人的特点，一是喜欢凑热闹、赶时髦，"如享太牢，如登春台"，身不由己地随着潮流走；二是骄傲自满，自以为是，计算精明，分毫必较，"众人皆有余"，"俗人昭昭"，"俗人察察"，其实他们是明于察物而昧于自知，明于琐细而昧于大道。老子认为，得道者的气象是沉静广远又朴实无奇的，如婴孩那样纯厚，谦和虚心，不计较不在乎，不显露不浮躁，社会的激荡无动于其中，他总是与大道在一起，所以始终能保持自我，独立于潮流之外。

有人说，老子的"圣人之治，虚其心，实其腹，弱其志，强其骨"是愚民政策。读本章可知"愚"在五千言里不是贬义，而是得道者的人格和气象，标准是很高的，可以说其智可及也，其愚不可及也。当然这是大智若愚，智慧太高了，一般人难以理解，反以为是蠢笨。世界上颠倒的事情多如此类。可是历史上那些叱咤风云、包打天下，自以为聪明绝顶，以千万人血汗换取自己权位威严的人，都到哪里去了呢？都被扫到历史垃圾堆里去了，五千言却至今闪闪放光。孰智孰愚，世人自有明判。

# 二十一章

孔德之容，惟道是从。道之为物，惟恍惟惚。惚兮恍兮，其中有象。恍兮惚兮，其中有物。窈兮冥兮，其中有精。其精甚真，其中有信。自今及古，其名不去，以阅众甫。吾何以知众甫之状哉？以此。

📖 新说
## 无中生有

孔者大也。大得道之人，其做人做事皆以道为根本，循道而行，从不离道而妄作胡为。"惟道是从"是道家行为学的原则，要做到这一点，必须一无私心，二有大智。无私心则从道意坚，有大智则行道无尤。儒家亦讲从道，孔子曰："以道事君，不能则止"。从道不从君，故真正的儒者为臣必忠，忠则必谏，决不阿谀，以其"君"之上有"道"也。不过儒家讲的"道"属形而下之道，如君子之道、为君之道、治国之道等，不是无所不包的宇宙大道。道家讲的"道"是终极真理，是形而上之道，普遍、深刻而永恒，其本质属性是"道法自然"，所以"惟道是从"者，惟自然是循也，一切以不违背自然为标准。

本章形容宇宙本根之大道，如何是有与无的统一。"惟恍惟惚"者，似有若无也。从宇宙发生学的角度讲，无形无象的原始大道，如何能够发生有形有象的天地万物呢？这是一个理论难题，老子回答得非常深刻。他指出，形而上的大道，内部即已包含着形而下的万有的潜在因素，这些潜在因素的展开，便会出现万有的世界。原始状态的大道，在惚恍窈冥之中含有形象、物类、生命之精华，它们是真实的可以得到信验。我们可以称这些东西为有形世界的种子，也可以借用生物遗传学的名词，称它们为基因。这些种子或基因还不是现实的事物，感官无法加以把握，但它们确确实实蕴藏着，所以它们的存在只能叫作"潜在"。可见老子所说的"天下万物生于有，有生于无"的原始虚无，绝对不是一无所有的无，而是包藏着丰富信息尚未展开的无，只有这样的无，才可以转化为有，否则天地万物便成为无本之木、无源之水了。现代自然科学的宇宙论告诉我们，现存宇宙的发生，其本质是"展现"，不是"创生"，由微粒子状态，经过大爆炸，向外膨胀，逐渐形成空间和分子状态的星系。原始宇宙是混沌一体的，但这个混沌一体的原始状态中，包含着无限发展的丰富性和多样性，它们只是潜存着，待条件具备，才逐渐显示出来，而且其展现的过程是永无止境的。

本章提出的大道发生论，当是受启于女性的生育。女性子宫原无生命个体，在一定条件下，它潜含的生命种子逐渐发育成胎，生为婴孩。孩子的五官四肢躯干在当初皆呈无的状态，潜存于母体子宫的受精卵之中。我们可以说母体的子宫是虚无的，但其中有象，其中有物，其中有精，其精甚真，其中有信，所以能发育出婴孩。一切的产生都是从潜存到实有的展开。"众甫"者，众物之父也，指万物之始。老子深刻洞察了无与有互含的辩证法，所以能够提出宇宙发生学原理。

曲则全，枉则直，洼则盈，敝则新，少则
得，多则惑。是以圣人抱一，为天下式。不自
见，故明；不自是，故彰；不自伐，故有功；
不自矜，故长。夫唯不争，故天下莫能与之
争。古之所谓"曲则全"者，岂虚言哉！诚全
而归之。

📖 新说

**不争之争**

本章精彩地阐述了事物的辩证
运动：相反相成。委曲才能保全，
弯曲才能伸直，低洼才能充盈，敝

旧才能更新，少精才能得要，漫多导致迷误。现实生活难道不是如此吗？事业没有不经过曲折而后才成功的。所以失败了不要悲观，要看到其中成功的希望；做错了不要伤心，要看到其中总结的教训。世人多去直接追求正面的成果，往往忽略负面的价值，例如喜欢表扬、荣誉，厌恶批评、侮辱，岂不知负面的体验正是人生成熟的必要条件，所谓"艰难困苦，玉汝于成"是也。"少则得，多则惑"闪烁着老子理性主义的光辉。事物有规律可循，洞察规律，抓住要领，人们的行动才能有效；反之，杂而多端，迷惑于现象世界，漫羡无所归心，这样的人知识再多也无济于事。

本章还阐述了"不争"与"争"的辩证法。许多人总想争第一，当老大，最好是天下的功劳和荣誉全归于己。如果不具有实力，不合于自然之道，这种争非徒无益，而且惹来烦恼，假如不择手段去争，便会引起对抗，损人而害己。按照老子的思想，真正高水平的争，恰恰就是不争。首先，只为他人，只为社会，不争私利，不争名声，这实际上就是在争道德，争事业，争真善美，这样的人是得道者，为凡夫俗子不可企及，这难道不是大争吗？其次，一个人不表现自己，所以头脑清醒；不自以为是，故容易为众人接纳；不夸耀自己，所以得到众人赞赏；不傲慢无礼，所以得到众人拥戴；他有威信，有德行，有业绩，荣誉和地位自然归向于他，这难道不是以不争而达到大争吗？所以争的问题并不是个人的主观愿望问题，也不是对立面互相排斥的问题，而是不同人们之间在做人和做事上的优劣比较，它是客观选择的结果，不是主观意气和刻意追求所能达到的。事实上，一个人不管主观上是否意识得到，他每天都在争，他的一言一行，一举一动，都是在与他人作比较，社会也每时每刻对他做出评价，他自己在写自己的历史。道家的主张就是每个人应顺自己自然本性去做事，不做自己做不了或不该做的事；领导人更要统筹兼顾，充分发挥各种人的特长，让群众自己管理自己，自己教育自己，既不独断专行，也不居功自傲。这样做既是不争，又是大争。

# 二十三章

希言自然。飘风不终朝，骤雨不终日。孰为此者？天地。天地尚不能久，而况于人乎？故从事于道者，同于道；德者，同于德；失者，同于失。同于道者，道亦乐得之；同于德者，德亦乐得之；同于失者，失亦乐得之。信不足焉，有不信焉。

📖 **新说**
## 道不远人

老子看出，自然界的运动，凡是变化激烈、施为猛烈的现象，都是暂时的，难以持久，比如飘风骤雨，都是一阵而过。人间的运动也是如此，激烈的社会变革，迅猛的社会事件，也都是短期的现象。而那种有规律的循环往复的运动才具有恒久性和普遍性，如四季的代换，日月的出没，婚丧嫁娶，人伦日常，都是经常性的，因为它合于自然之道。

"从事于道者，同于道"，修道学道者自然认同并不断接近大道。同样，修德进德者认同和接近上德；迷失于丑恶之地而不知返者，也总是在误区中越陷越深。那么"同于道者，道亦乐得之；同于德者，德亦乐得之；同于失者，失亦乐得之"又当如何理解呢？大道自然无为，怎么会有"乐得"的情感呢？这里老子用的是拟人手法，目的是为了语言的生动，并非认为道有意志情感。这一段话要表述如下的真理：你追求什么，什么就同你在一起；你靠近什么，什么就靠近你；道不远人，而人自远道。所以关键在于自己的立志和努力，而不要埋怨客观真理距你太远。孔子说："仁远乎人哉？我欲仁斯仁至矣"，其说法与老子相通。俗话说：种豆得豆，种瓜得瓜。我们也可以说：种善得善，种恶得恶。从因果关系讲，人的行为每天都在种因而积之，他将得到的果报就是他因业的显现。

二十四章

企者不立，跨者不行。自见者不明，自
是者不彰。自伐者无功，自矜者不长。其在
道也，曰：余食赘行。物或恶之，故有道者
不处。

📖 新说
**余食赘行**

本章主题与上章连接，都讲
道法自然；违背自然之道者，不
可长久，不能成功。"企者不立"，
踮起脚尖的人站立不久。"跨者不
行"，跨步行走者行走不远。因为

他们都违背了多数人行立的自然之道，而企图夸张自己、突出自己。在人间的事情上，突出个人便违背自然之道，因为个人和群体相互依存，不可分割，个人的作用是有限的，群体的力量才是伟大的。因此，自我表现、自以为是、自大骄傲的人，都不免膨胀了个人，夸大了个人的作用，人们都厌恶他，远离他，不愿与他共事合作。从自然之道的观点看，自见、自是、自伐、自矜的行为都是剩饭赘瘤，不仅多余，而且有害。这些人的主观动机是想表现自己，其结果适得其反，正表现出他的无知和可笑，反而为大家所厌弃。得道者是从来不做这些蠢事的。

在日常生活里，人们总是喜欢自然真朴的人，有情有理的人，行为正常的人；而不喜欢矫揉造作的人，不通情理的人，行为古怪的人。因为前者合于自然之道，后者违反自然之道。事物的新陈代谢也是自然之道，因此追求创新是正常的，值得鼓励，也合于老子之义，十五章就说过"敝而新成"。但是我们要把开拓创新同标新立异区别开来：前者是依据规律去创造，后者是为了形式上突出自己。现在有些人为了扩大知名度，有意"出位"，做些常情常理所不允许的行为，以便获得新闻效果，岂不知恰恰是臭名远扬，其所得意者不过是"余食赘形"，为有道者所不取。

二十五章

有物混成，先天地生。寂兮寥兮，独立而不改，周行而不殆，可以为天地母。吾不知其名，强字之曰道，强为之名曰大。大曰逝，逝曰远，远曰反。故道大，天大，地大，人亦大。域中有四大，而人居其一焉。人法地，地法天，天法道，道法自然。

📖 新说
**道法自然**

这一章讲道体道运，讲四大，讲道法自然，非常重要，是老子道论的核心内容。通行本四大之中的"人"为"王"字，据傅奕本并据下文"人法地"，校改为"人"字较顺。老子的帝王意识最淡，故不会隐"人"而显"王"。

"有物混成，先天地生"，指明原始道体是混然未分的，它是宇宙的根源性存在，故先天地而有。"寂兮寥兮，独立而不改，周行而不殆，可以为天地母"，说明原初大道无声无形，故寂寥；无对无变，故独存不改；"周行"者，周通宇宙，无所不至；道生天地，故为母体。"强字之曰道，强为之名曰大"，道是无限的又没有确定的形象，故不能用语言文字加以正面表述，即一章所说"道可道，非恒道"。称其为"道"为"大"，是不得已而为之，勉强加以形容而已。"大曰逝，逝曰远，远曰反"，这是描述原始大道产生万物的过程：无限母性的大道分化出许许多多有限而确定的万物，它使大道离开了原始状态而不断演化，而万事万物一方面不断离开大道的原始状态，另一方面又不断返本归根，接受大道的滋润。"故道大，天大，地大，人亦大。域中有四大，而人居其一焉"，在道的演化过程中，产生出三种伟大的事物可以与道相并列，这就是天、地、人。人虽然后出并且形象渺小，但人有灵明，可以洞识大道之妙，故可与道、天、地并立。老子虽重视天道，然而其立足点仍在于人，在于大写的人，把人看成是伟大的。儒家的"天、地、人"三才和道家的"道、天、地、人"四大都是天人相关一体的思想，都是以人为本的学说，不过道家的眼界比儒家更为开阔，不仅从天地看人，更从天地之外的大道看人，人的作用不仅可以同天，还能同道，大写的人没有比这样的人更大的了。

"人法地，地法天，天法道，道法自然。""法"者，效仿也。人从天地而来，故其活动要效法天地。天地由道而生，故天地运行循道而动。道的运行取法自然而已。自然者，非神使也，非人为也，自己如此。道者自然而然，皆本性之必然也，王弼注云："法自然者，在方而法方，在圆而法圆，于自然无所违也。"道顺任万物自然之势，不增加，不减少，不干扰，更不损害。那么"道法自然"是否就意味着人的作用就不需要发挥了呢？六十四章将作回答。

二十五章

二十六章

重为轻根，静为躁君。是以圣人终日行，不离辎重。虽有荣观，燕处超然。奈何万乘之主，而以身轻天下？轻则失本，躁则失君。

📖 新说
**轻与重**

　　本章就君王的修养来讲轻与重、静与躁的辩证法，其实也可以扩大为普遍意义的理论。

　　一国之君，或者说一国的最高领导者，一定要稳健持重、经验丰富、底蕴深厚、实力强大，使一般民众可以信赖。绝不能浮躁轻率、毛手毛脚、浅薄寡识、蠢笨无能，否则，不仅树立不起威望，还会有损政治，误国误民。

从一般意义上说，"重"就是根基深固。任何的生命都是根重末轻，例如植物根重枝轻，人则下实上虚。人们形容失去理智的醉汉为"头重脚轻"，所以行立不稳。形容那些没有学问的人为"头重脚轻根底浅"。从生理上说，下实上虚，腿脚健实，是人的健康的重要标志。从教育上说，操行坚固、知识丰厚、性格沉稳，是做人的基础，根基不牢会影响一生。人们处理实际问题时，尤其是处理复杂的突发的问题时，是持重、厚重、稳重有序呢，还是轻浮、轻率、轻举妄动呢？其结果是大不相同的。

静与躁的辩证法亦有普遍价值。"静为躁君"即是以静制动。"静"不仅意味着安静、沉静、文静，而且意味着冷静、理性、从容、深沉。在动荡不宁、竞争激烈的现实社会里，保持冷静的头脑、宁静的心境是非常重要的，它可以使人有一定时间和空间进行思考，充分运用才智去解决问题，同时也可以使人保留一个绝对由自己支配的自由王国，不被外界干扰。人的生活里，既离不开静，也离不开动。睡眠、思考、体悟、学习是静；运动、活动、工作、交流是动。动静要结合，而且要在静的指导下动，这样的动便不是盲目的轻率的动，否则便是躁动。

王阳明说：从静处体悟，在事上磨炼。这句话可以成为青年人修养的座右铭。人生大道不是一看就明白的，也不是语言能够讲得清楚的，老师和书本只是一种引导，关键在于每个人能否去体悟它、感通它，这就需要宁静的心态，以保证这种体悟能从容进行。同时，体悟人生大道，还需要实践和验证，在人伦日用之中加以体现和充实，所以要积极做事，磨炼自己，做到知行合一。

善行无辙迹，善言无瑕谪，善数不用筹策，善闭无关楗而不可开，善结无绳约而不可解。是以圣人常善救人，而无弃人；常善救物，而无弃物，是谓袭明。故善人者，不善人之师；不善人者，善人之资。不贵其师，不爱其资，虽智大迷，是谓要妙。

📖 新说

**无弃人**
**无弃物**

本章从道法自然的原理出发，论述道家的行为学和教育学的指导方针。其行为学的基本思想是，因势利导，潜移默化，事情成功了却不留任何人为的痕迹，这是最高明的行为。"善行无辙迹"，最好的行为并不留下标记和名声。"善言无瑕谪"，最好的话语没有任何欠缺。"善数不用筹策"，最好的计算不用筹码。"善闭无关楗而不可开"，最好的关闭没有钥锁而不可能打开。"善结无绳约而不可解"，最好的连结不用绳索却不可能解开。这是可能的吗？只要事情是顺其自然之性的，这一切都不仅是可能的，而且是现实的。社会上有许多无名英雄，便是善行无辙迹。《聊斋》里说："有心为善，虽善不赏"，故意为善，沽名钓誉，不是最好的善，虽然要比不为善好。不言之教即是身教，便不需要语言上的掂量。"善数"者不需要借助于计算工具，不论是筹码还是电脑，因为他算的是天地之数，人间之运。道德良好、夜不闭户的社会便是"善闭无关楗而不可开"。现在为了防盗，越来越多的人家安装防盗门，品牌和保险性不断升级；可是道高一尺魔高一丈，偷盗技术也在不断提高，所以盗贼防不胜防；只有全民富裕、风气淳厚，才能不用关楗而从根本上解决闭户的问题。"善结"者能从精神上团结人，融洽无间，各得其情，不需要什么外在的约束和限制，人们自然不会离散，这便是"善结无绳约而不可解"。

老子和道家的教育学，其基本思想是人尽其才，教无弃人。好人固然可以成为坏人的老师，坏人也可以成为好人的借鉴，今人说的"师资"本于此。一方面，不善人不应被社会抛弃，因为理想的社会应该是"容乃公"的，所以要教育一切人，包括挽救失足者。另一方面人接受教育，既需要正面的，也需要反面的，前者给人经验，后者给人教训。孔子说"择其善者而从之，其不善者而改之"，其义与老子相通。老子认为真正有智慧的人必须懂得人尽其才、物尽其用的深奥道理，因此必须重视教育，重视老师的作用。不能尊师重道者，"虽智大迷"。我们还可以加上一句，口头上尊师重道，实际上侮师轻道，亦是"虽智大迷"。

物尽其用在今日特别重要。人口增多，消费膨胀，而资源不足。有许多资源并未尽其用，或作为废物被抛弃，或作为消费品被浪费。如大量的工业废料和生活垃圾，其实是可以变废为宝的。而水、电、煤等资源又往往不能节约使用，既浪费宝贵的资源，又造成环境的污染，这样下去人类是不能持续发展的。老子"无弃人"、"无弃物"的思想是社会管理要达到的理想境界。

二十七章

# 二十八章

知其雄，守其雌，为天下谿。为天下谿，常德不离，复归于婴儿。知其白，守其黑，为天下式。为天下式，常德不忒，复归于无极。知其荣，守其辱，为天下谷。为天下谷，常德乃足，复归于朴。朴散则为器，圣人用之，则为官长。故大制不割。

📖 **新说**
**贵柔守雌**

本章为老子的政治论，提倡贵柔守雌，以朴治国。老子看到事物都有阴阳、动静、进退两个方面，对于阳的动的进的方面应做到了解，对于阴的静的退的方面则不仅限于了解，还要坚守，把落脚点放在持静、处后、守柔上面，只有如此，领导者才能包容万物，承担艰难，默化众生，达到无为而治的目的。老子认为，领导者的品性应如"婴儿"，处于"无极"，回归真"朴"，即应该纯厚、宽容、真诚，成为国人的表率。这里出现"无极"的概念，无极即是无限的宽容心，可以包纳一切。

"朴散则为器"，指大道分化出万物万事，朴是道体，器是道用，守其体而顺其用，这是最理想的社会管理者，后来宋明理学家讲"明体达用"实本于此。朴与器的关系后来演为道与器的关系，成为中国哲学的一对重要的范畴。《易·系辞》说："形而上者谓之道，形而下者谓之器"，成为道器论之肇始。其实《系辞》所谓"道"乃专指道体，所谓器则指道用，不如本章以朴与器对称较优，因为老子论道，兼说体用，兼示有无，以明道之双重性质。

"大制不割"是说最完善的制度是不去分别等级名分的，恰恰相反，它应当促使人们浑然成为一体。儒家的礼制重在强调差别，故说"礼别异"，当然在别异的同时要"和为贵",不能造成对抗和冲突。老子不仅主和,而且主张"复归于朴",果能如此,则人们根本没有了分别之心,虽有差异而不觉其为差异了。

将欲取天下而为之，吾见其不得已。天下神器，不可为也，不可执也。为者败之，执者失之。夫物或行或随，或歔或吹，或强或羸，或载或隳。是以圣人去甚，去奢，去泰。

📖 新说

**去甚去奢
去泰**

本章是老子政治论的继续，讲"取（治）天下"可因不可为的道理。四十八章说："取天下常以无事，及其有事，不足以取天下"，其理相通。老子所说的"有为"、

"有事"，皆指不明常道，不因自然，单凭主观愿望或用强制的手段去做事，其结果是"为者败之，执者失之"，或者失败，或者得而复失。特别是得天下治天下这样的神圣大事，更不可强行为之，这是事业发展的自然结果，是顺应民心、合乎时势的结局。

人群是多种多样的："或行或随"，有的前行，有的后随；"或歔或吹"，有的歔暖，有的吹寒；"或强或羸"，有的强健，有的脆弱；"或载或隳"，有的安宁，有的危险。圣人治国，一要顺应这种多样性，使之各得其便；二要超越这种多样性，取平和中常之道，不可偏于一方。因此，老子再一次强调了守中的原则，指出"圣人去甚，去奢，去泰"。甚者极端也，奢者侈靡也，泰者过度也，皆违背自然之道，故皆当去除之。而现实生活中，甚、奢、泰的现象比比皆是，造成许多危害。例如讲到政治重要，便要政治冲击一切；重视物质利益，便要一切向钱看；要么全盘西化，要么排斥外国，这些都是"甚"者。有钱的挥霍浪费，有权的铺张夸耀，有功的盛气凌人，这些都是"奢"者。虚报成绩，言过其实；重复建设，一哄而上，这些都是"泰"者。不除上述弊害，怎能正常建设？由此可知，老子所谓"守中"者，守常也，守正道也。

佛、儒、道三家皆主守中之说，而各有不同。佛家谓"空、假、中"，不执于空，不执于假，是谓中道义，这属于本体论的守中之说。儒家谓"过犹不及"，又谓"刚健中正"，其中庸之说，在积极进取的前提下，取其最佳选择，是谓中，又称"时中"。道家谓"道法自然"，又谓"清静无为"，则其中道在于因顺不施，本性自然而已，看起来比儒家消极，而其辅成事物的健康发育之义，与儒家是相通的。

# 三十章

以道佐人主者，不以兵强天下。其事好还，师之所处，荆棘生焉；大军之后，必有凶年。善者果而已，不敢以取强。果而勿矜，果而勿伐，果而勿骄。果而不得已，果而勿强。物壮则老，是谓不道，不道早已。

## 📖 新说
### 战争不道

本章老子提出军事思想，其基本特点是反对战争，主张和平；不得已而用兵，也要适可而止。得道者辅佐君王治理天下，决不用武力逞强于天下，因为战争带来的后果太严重了。不论胜败如何，战争都会使田园荒芜，百姓则在死亡线上挣扎。历史证明，战争中死亡最多的不是士兵，而是百姓，每次改朝换代的战争，全国人口锐减，并不都是刀枪杀死的，大多数是饿死的。士兵尚有武器可以抢掠，百姓既无法种田，粮食又被拿走，只有束手待毙，所以最苦的还是老百姓。老子深察百姓之苦，主张尽最大努力防止战争。万不得已情况下作战，也要"果而已"，即是成功了便罢休，不要得寸进尺，越打越疯。战胜者并不值得骄傲，也无须夸耀。胜利者骄傲，有一条规律在等着他："物壮则老"，事物太膨胀了便会走向衰落。我们将联系下一章，继续探讨老子的军事思想。

# 三十一章

夫兵者，不祥之器，物或恶之，故有道者不处。君子居则贵左，用兵则贵右。兵者不祥之器，非君子之器，不得已而用之，恬淡为上，勿美也。若美之，是乐杀人。夫乐杀人者，则不可得志于天下矣。吉事尚左，凶事尚右。偏将军居左，上将军居右，言以丧礼处之。杀人之众，以悲哀莅之。战胜，以丧礼处之。

📖 **新说**
**兵者凶器**

王弼本开头为"夫佳兵者"，帛书老子无"佳"字，故删。"兵者不祥之器"是老子对军事行为的基本态度，即认为战争乃凶险之事，所以有道之人是反战的。"不得已而用之，恬淡为上"，老子不仅是理想主义者，也是现实主义者，知道有时候战争不可避免，例如为反抗外来的武装侵略，只好被迫作战，即使如此，也不能赞美战争。"恬淡"二字包含着许多意思，首先是尽量避免，其次是战争中尽量减少伤亡，再次是打胜了适可而止，最后是战胜了要低调处理，不以为乐事。可知老子的反战思想不仅表现在批评侵略战争上，而且表现在对正义战争的理性态度上。正义之战胜利了，不是喜悦，不是得意，而是悲壮，"以悲哀莅之"，"以丧礼处之"，因为死了许多人，这些牺牲者有正义一方的战士，也有非正义一方的士兵，他们也是普通的人，作了炮灰，给许多家庭造成不幸。

中国的儒、佛、道三家和兵家，其军事思想都是相通的。孔子讲"为政以德"，孟子讲"仁者无敌"，"杀一辜，行一不义，得天下而不为也"，战争只能是以仁义之师，吊民伐罪。佛家讲慈悲，以"不杀"为百戒之首，连毛虫都戒杀，何况人乎。兵家本来是专门的军事家，如孙武、孙膑等，他们的军事理论中第一条也是以不战而胜为上策；不得已而用兵，则以攻心为上；战争中军队要严明纪律，不滥杀无辜。可见，中华民族是一个爱好和平的民族，不是好战好侵略的民族，它的早期思想家铸造了民族和平的性格，形成了爱好和平的传统，这是值得骄傲的。

道常无名。朴，虽小，天下莫能臣。侯王若能守之，万物将自宾。天地相合，以降甘露，民莫之令而自均。始制有名，名亦既有，夫亦将知止，知止可以不殆。譬道之在天下，犹川谷之于江海。

📖 **新说**

**万物归道**

"朴"是就道体而言，语言无法形容。"小"是指道体微妙虚无，视之不见，听之不闻，搏之不得，故是"微"、"希"、"夷"。但它是万物的总根源和普遍基础，它是生者成者，不是被生者被成者，所以"天下莫能臣"。侯王守道以治天下，则天下自然归顺于道而得安守，不需要去指挥造作。好比天地相合、阴阳相感，而云行雨施，不需要人工去干预，自然普及于大地。当然，道体为无，道用为有，朴散则为器。所以大道必然散而为万物，形成各种不同的属性和称谓，这便是"始制有名"。但要"知止"，也就是说万物不可背道而行，要保持与大道的沟通，要"远曰反"，不断回归真朴，不可丧失自己的自然本性，这样就不会有危险，否则，"不道早已"，生命就要停止了。道对于天下万事万物来说，好像江海对于川谷，万川入江，百江归海，一切都要回归大道。

知人者智，自知者明。胜人者有力，自胜者强。知足者富。强行者有志。不失其所者久。死而不亡者寿。

📖 新说

**自胜者强**

这几句话，每一句都深如大海，力如万钧，值得反复回味，方知老子真乃圣哲，一般人难以望其项背。

知识的对象可以有三类：知物、知人、知己。相比于知物，知人已经是比较困难的，因为人可以厚貌深情，乔装打扮自己，所以俗话说：人心难测。知人者可谓智慧之人。但是最难的却是自知。按理说，自己对自己最清楚，无需隐瞒，没有距离，他所感受的就是他自己。可是正是由于没有距离，缺少客观比较，单凭个人感受，就很难对自己的长处和短处做出公允的评价，也就是说，缺乏自知之明者，并非不知道自己在想什么，在做什么，感受是什么，而是不能正确评价自己，或者对于自己所想所做的事情的意义不能真正把握。所以人要用他人作参照系，透过别人的镜子，看清自己。人通常犯的毛病是以自我为中心，过度估计自己的水平、成绩和能力。在评职评奖评绩的活动中，我们看到大多数人对自己的评价高出评审机构平均评价甚多。也有的人不知道自己的优势和劣势何在，偏要去扬短避长，结果总是不能做出成绩。可见老子说"自知者明"是很中肯的。要做到有自知之明，必须破除自我小天地，把眼界放大，并且要运用换位思维，不断变换观察的立场角度，同时要以知人为必要的前提。

"胜人者有力，自胜者强"，只要有力量就可以战胜别人，俗称大力士，但是最坚强的人是能够战胜自己的弱点、恶习，并有自控能力的人。人超越别人并不最难，超越自己才是最难的。人有惰性，人的理性往往受制于惰性和情感因素从而失去自我控制。这就需要进行刻苦的心理训练，磨炼出足以抵御一切外在引诱和内在欲贪的坚强心态。许多人在正常的情况下有良好表现，一遇到非常情况，就紧张得难以自制，表现失常。例如学生考试怯场，运动员比赛怯场，演员演出怯场，都是因为缺乏自制能力，心理素质差，越怕输越输，不能忘我。这需要磨炼和自觉修养。聂卫平曾一度在东亚棋坛称雄，人称"聂旋风"，他家里挂着一条幅，就是"自胜者强"，可见他的成功是吸纳了老子的智慧的。对人的自控能力最有摧毁性的是毒品，吸毒者一旦毒瘾发作，便会不顾一切地去得到毒品，哪怕卖淫、杀人、放火，也在所不惜，因此是最可怕的，毒品是人类的公敌。

"知足者富"，这样讲当然要有个前提，便是吃穿不愁，生活过得去。人类追求财富的欲望不仅不是坏事，它正是经济发展、社会前进的动力。鲁迅说人一要生存，二要发展。人总想过得更好一些，这是比动物高出的地方。只要合法致富、劳动致富，便应当受到鼓励。自己富了，也为社会增加了财富，无论用这些财富从事生产还是从事消费，都能活跃社会经济，对大家有利。不过富有总是相对的，财产的增加永无止境。从个人消费的角度说，财产富到一定程度便没有意义，"偃鼠饮河，不过满腹"，"鹪鹩巢林，不过一枝"，纵有一百间住房，每天晚上也只能睡在一间房里一张床上。而且私人财富过多容易引起一系列灾难，包括黑社会的觊觎、亲属的争夺，和过度享乐对自己身心健康的腐蚀。所以富有者应当把多余的钱用于社会事业，使更多的人生活得到改善。富有不仅是物质的拥有，也是一种内心感受。只要贪心不足，再富有也觉得不是最富。若是易于满足，对于自己而言，便意味着最富有了，因为余下的财产对他没有实际意义。

"强行者有志。不失其所者久。死而不亡者寿。"勉励自己，全力以赴去做事的人，一定是有志向、意志坚强的人。但这样的人如果不依道而行，意志再坚强也不能使事业继续下去。只有以道为根基，顺乎自然而行者，才可以行之久远。老子认为作为个体的人总是要死的，但与道合一的大写的人是不会灭亡的，他的精神是永存的。所以真正的长寿者，是超越了生死、掌握着真理的人。有位诗人曾写道：有些人活着，他已经死了；有些人死了，他还活着。生活中确实如此。有些人虽然活着，但没有精神生命，如同行尸走肉，不是已经死了吗？有些人死了，就一切都过去了，最多还有点亲友的余悲。有些人死了，他的精神和事业，他的智慧和著述却保留下来，并且长期存在下去，这些人是不死的。即如老子，其人已离开世界两千五百多年，但他的思想哲理仍然世代流传，在生活中发挥着作用，将来还要发挥更广大的作用，所以老子是不死的。

三十三章

# 三十四章

大道氾兮，其可左右。万物恃之以生而不辞，功成而不有，衣养万物而不为主。常无欲，可名于小；万物归焉而不为主，可名为大。以其终不自为大，故能成其大。

📖 **新说**

## 小与大

本章是一篇大道颂。大道广泛流行，无所不至。它滋润着万物的生命，成就着宇宙的运行，它的功绩和作用可以说是无与伦比的了。可是大道并非人格神，亦非类似于基督教和伊斯兰教的绝对唯一神，它只是宇宙万物万事的最普遍的规律和最深层的本质，它是这个世界的统一性所在。老子对大道的歌颂不带有一神教信仰外在绝对权威的成分，他是在歌颂伟大的自然力和宇宙的创生力。他对大道的信仰，是一种不具有神灵崇拜的信仰，是一种具有理性精神的生命哲学的信仰。

"常无欲，可名于小；万物归焉而不为主，可名为大"，这是老子的大小观。道无欲无求，敛藏自己于万物之中，从这方面说它是微小的，因为它不显露自己。可是万物万事皆不能离道而存，皆要回归大道，不断从大道中吸取生命活力，从这方面说道又是伟大的。道的伟大正在于它没有主宰性而又能成就万物。这种大小观的实际意义，在于要求人间的统治者以大道为榜样，只贡献不占有，只服务不主宰，成就了社会，而自己能够适时引退，这当然是很难做到的，却符合民主政治的要求。华盛顿在美国建国以后当了两届总统便主动退位，隐居乡间。孙中山在辞去民国总统后转而从事实业建国，后因袁世凯复辟帝制，才不得不复出从政。他们的做法接近大道的精神。

# 三十五章

执大象，天下往。往而不害，安平太。乐
与饵，过客止。道之出口，淡乎其无味，视之
不足见，听之不足闻，用之不足既。

📖 **新说**
## 道安天下

"大象"者，大道也，就是
十四章所说的"无物之象"。有道
者依大道治理天下，天下便可安宁
平和通泰。若以感官享受为诱导而
治理天下，虽然也能够吸引一些
人，却只能是暂时的不牢靠的，因

为人们有利则来，无利则去。"乐与饵"即音乐与美食，代表所有感官享受，它们无法与大道的功能相比。苏辙说："作乐与饵以待来者，岂不足以止过客哉？然而乐阙饵尽，将舍之而去矣。若夫执大象以待天下，天下不知好之，又况得而恶之乎？虽无臭味、形色、声音以悦人，而其用不可尽矣。"大道是平凡的真理，是人生的常规，所以"淡乎其无味"，可是它能包纳众味，成就一个多姿多彩的世界。人心归向真理，因为真理代表多数人的利益。孟子说"得道者多助，失道者寡助"，历史和现实都在验证这个道理。

三

十

五

章

三十六章

将欲歙之，必固张之；将欲弱之，必固强
之；将欲废之，必固兴之；将欲取之，必固与
之。是谓微明。柔弱胜刚强。鱼不可脱于渊，
邦之利器，不可以示人。

📖 新说
**柔弱
胜刚强**

这章后人评论，颇多争议。有
人认为此乃阴谋权诈之术，这是不
了解和误解老子。老子主张自然，
反对人为，更不会去倡导权术。本
章讲的是事物运动的客观辩证法，

其特点是物极必反、相互转化。人若要使事业成功，必善于运用辩证法，促使事物向好的方面转化。当然阴谋家也可以利用转化原理，达到不可告人的目的，其咎不在老子。

"将欲歙之，必固张之"。"歙"是收敛，"张"是伸展。"固"者，姑且也。农业活动的春种、夏长、秋收、冬藏，便体现欲歙固张之道。打鱼先撒网后收网，商业先卖货后收账等等，皆属此类。

"将欲弱之，必固强之"。医生为了给病人诊断，先要使病根显露出来，加以验证，而后对症下药。社会犯罪团伙有许多隐蔽自己的手段，警方要设法使其暴露，找到足够证据，然后依法处理。此皆欲弱固强之道。

"将欲废之，必固兴之"。住房建设，不能一步臻于完美，先建一批简易楼房，以供急需，以便积累条件，将来拆除简易楼房，建设高级住宅。长江三峡为修大坝，先做导航明渠，为的是保证大坝顺利施工和完成，以便将来取消明渠。此皆欲废固兴之道。

"将欲取之，必固与之"。农民经营土地，先投入，后收获；实业家兴办企业，先投资，后得利；一切市场经济的运作，都是先付出后收入。每个人要想得到社会的承认和关照，必先向社会做出贡献，付出自己的劳动。凡此皆欲取固与之道。

王弼《老子论》说："将欲除强梁去暴乱，当以此四者，因物之性，令其自戮。"这是从正面的政治学观点上说的。其实本章具有更普通的意义，例如军事上"欲擒故纵"、"以退为进"，道德上"以德报怨"，经济上"先与后取"，都是运用矛盾转化原理。本章为道家的策略学奠定了理论基础，它使中国人在处理复杂的问题时具有很高的智慧。

"柔弱胜刚强"这是老子辩证法的主要特点。老子认为柔弱的事物才有旺盛的内在生命力，有韧性，有发展的前途；而刚强的事物往往外强中干，"物壮则老"，已经在向衰亡发展，所以柔弱的事物能够胜过刚强的事物。自然界和社会的新陈代谢，都是柔弱的新生事物逐渐取代了强大的保守事物。

"鱼不可脱于渊，邦之利器，不可以示人"。渊对于鱼，就是道对于人世间，不可一日而无，否则即不能生存。"邦之利器"指治国之大道，不可夸示于人，夸示大道便是离开大道。得道者"不自以为大"，以静默为上。

《左传》记载郑庄公的话："多行不义必自毙"，他道出了一条真理。大坏人大坏事都是自己做过了头，从而走向灭亡，是"自掘坟墓"。损人者必将害己，无须乎别人去处置他。西谚有曰：上帝让他灭亡，必先让他疯狂。其义与郑庄公的话相通。有些大不义之人生前就受到惩罚，有些则在死后被世人唾骂，这也是一种"自毙"。

# 三十七章

道常无为而无不为。侯王若能守之，万物将自化。化而欲作，吾将镇之以无名之朴。镇之以无名之朴，夫将不欲。不欲以静，天下将自正。

📖 新说

## 无为
## 无不为

"无为而无不为"，无为者为道体，无不为者为道用，正是道体之无为，才使道用无不为。按照老子的逻辑，有所为必有所不为，因此有为者不能遍为，只有无为者才能无所不为。所谓无不为，并非道能做到遍为，而是道之无为，顺乎自然，万事万物皆能依其本性而自为，于是便无不为。所以，无为是道的本质，无不为是道的显现。

无为而无不为的辩证法，运用到政治上，便是君王无为，而臣民皆顺其性而自为，这就是"侯王若能守之，万物将自化"。假如在万物自我化育的过程中，发生了私欲膨胀的情况，侯王应"镇之以无名之朴"，也就是用道法自然的淳朴精神来化解过分的欲望。人们少私寡欲，自然趋于安静，天下也会变得和平有序。

这里提出一个问题：当社会出现治安、道德的问题时，管理者应如何对治？法家主张用法治的办法解决，但这样做即使一时收效，也不能根治，如孔子所说："导之以政，齐之以刑，民免而无耻"，甚至是民不免亦无耻。儒家主张用礼乐德治，这样做既能匡正世态，又能善化人心，如孔子所说："导之以德，齐之以礼，有耻且格。"老子主张"镇之以无名之朴，夫将不欲"。孔老的差异在于：孔子的礼乐德治是用有为的办法即"加"的办法对治，老子的自然无为是用"减"的办法对治；前者是使民众懂得行善守礼，后者是使民众返朴归真。老子认为他的办法是一种根本性的解决。从今天的现实来看，上述三种办法都是需要的，应综合使用，标本兼治。不过使人性纯化始终是解决问题的长远方向。

三
十
八
章

上德不德，是以有德。下德不失德，是
以无德。上德无为而无以为，下德无为而有
以为。上仁为之而无以为，上义为之而有以
为。上礼为之而莫之应，则攘臂而扔之。故
失道而后德，失德而后仁，失仁而后义，失
义而后礼。夫礼者，忠信之薄，而乱之首。
前识者，道之华，而愚之始。是以大丈夫处
其厚，不居其薄；处其实，不居其华。故去
彼取此。

## 进化与退化

本章所说道、德、仁、义、礼，其序列既表示人的精神境界高低的层次，又表示社会发展史的阶段。所谓上德，是无心为德的真有德，习惯成自然也。所谓下德，是有心为德的真有德，故有德名之累。所谓上仁，是出于本心之爱而无功利计较。所谓上义，是有心为义而有义行。所谓上礼，是以礼乐导人为善。如果人们不守礼乐之制，则以强力迫使人们遵守，这便是下礼了。从思想境界来说，无心为德是最好的了，说明其人本性即已纯朴，其发用流行，无有不善。有心为德，有心为义，是一种层次低一等的善，为之犹胜于不为，但从动机上说还不够纯正，其流弊便是沽名钓誉。如果我们淡化一点理想主义，加强一点现实感，那么，可以说"沽名钓誉"已属不易，有心为善，亦可褒也。礼治既有习俗性也带有一定强制性，如果过多依赖于强制性，礼治会出现危机，内在的约束力一旦瓦解，它与法治便无区别，甚至弊烈于法。

"失道而后德，失德而后仁，失仁而后义，失义而后礼"。如果我们不过细地考究文辞，上述说法，大致反映了历史发展的某一侧面的阶段性。最早是原始社会，以习惯维系社会道德，大朴未亏，纯厚无诈；然后是德治社会，有意提倡道德，树立典范，教化人心，然而伪诈已生；再后是礼治社会，德治不能维持，不能不制礼作乐，加强制度建设，约束人们的行为。再往下，本章未论，笔者不妨补充之："失礼而后力"，礼治不起作用，礼崩乐坏，天下大乱，只有依靠武力征讨和强力压制了，这大约是战国时期。从三皇五帝的时代，中经夏、商、周三代，到春秋战国时期，从社会控制机制来说，大体上是经历了失道而后德，失德而后仁，失仁而后义，失义而后礼，和失礼而后力的过程。老子说："夫礼者，忠信之薄，而乱之首"，仁德不能维持才有礼制，所以礼制的出现本身就反映出道德力量的下降，并且由于礼制的外在性，不能不引起礼制的工具化和伪善化，成为社会混乱的起因。当然社会的发展既有进步也有退化，应当全面去看；进化是主流，退化是支流，但退化影响进化。如何有进化而少退化，是个大的难题。过去人们只讲社会历史是进化的，不讲退化的一面。其实这是一种盲目乐观主义。人类社会历史确实有退化的问题，不要以为我们今天什么都比古代好。我们创造了不少好的东西，我们也丢掉了许多好的东西。如果我们不善于把继承和创造结合起来，不善于把返本与开新结合起来，不善于反思和不断调整，社会的发展也会走到邪路上，这是不能不警惕的。

　　昔之得一者：天得一以清，地得一以宁，神得一以灵，谷得一以盈，万物得一以生，侯王得一以为天下正。其致之也，谓天无以清，将恐裂；地无以宁，将恐废；神无以灵，将恐歇；谷无以盈，将恐竭；万物无以生，将恐灭；侯王无以正，将恐蹶。故贵以贱为本，高以下为基。是以侯王自称孤、寡、不穀，此非以贱为本耶？非乎？故至誉无誉。是故不欲琭琭如玉，珞珞如石。

📖 **新说**

## 得一以生

本章可称为"得一颂"。"一"者，道也，万物之生机也。天之清明，地之宁静，神之灵妙，谷之充实，万物之生长，侯王之正治，皆赖道而得成功。极而言之，如果不从大道吸取生机，天不得清明，反会裂毁；地不得安宁，反会崩坏；神不得灵妙，反会止歇；谷不得充实，反会枯竭；万物不能生长，反会灭绝；侯王不得正治，反会失败。总之一句话："万物得一以生"，万物离道而死。由此可知，大道不仅仅是一般规律，它还是有永恒生命活力的能量。我们说，人间造不出永动机，因为任何机械，都需要从外部不断输入能量。而大道却是永动之道，它的能量是无限的，可以不断再生的。道家后来说"得其一，万事毕"，所谓修道，就是将个体生命与宇宙大道一体化，从大道吸取不尽的生命活力，这是道家一个基本的指向。大道是物质吗？抑或是精神呢？既是又不是。大道乃是宇宙的生机和能量。生命的能量是无形无象的，所以是无；生命的能量是真实存在的，所以是有。

"贵以贱为本，高以下为基"，这是一条万古不变的真理。贵者为舟，贱者为水；水则载舟，亦可覆舟。儒家常说"民为邦本"，孟子说"民为贵"，也是这个道理。能识得这个道理的君王，为明君，为民所拥戴；不识得这个道理的君王，为昏君，昏到极致则为民所推翻。

"不欲琭琭如玉，珞珞如石"，可以解释成：不愿做闪闪发光的美玉，宁愿做坚实质朴的贱石。玉以其美丽多彩悦目，石以其质固平凡利人；玉为高贵者之饰物，石为普通人之用品。老子舍玉取石，足证其具有平民性格。

# 四十章

> 反者道之动，弱者道之用。天下万物生于
> 有，有生于无。

**反者
道之动**

　　这一章在八十一章中字数最
少，但极精炼极重要，诚如二十二
章所说是"少则得"的典范。

　　"反者道之动"，精辟地概括
了大道运行的特点。"反"的含义
有两层：一，向相反的方向转化；
二，返本归初。向相反的方向转化也有种种形态，如相
反相成、正言若反、物极必反等。这种转化有积极的

有消极的，人应当促进积极的转化，防止消极的转化。例如："曲则全，枉则直"，"夫唯不争，故天下莫能与之争"，运用转化规律，从反面入手，达到正面的目的；"富贵而骄，自遗其咎"，"甚爱必大费，多藏必厚亡"，这属于消极转化，防止的办法是"去甚，去奢，去泰"，不断地作自我否定，便可以避免走向反面。返本归初即是十六章所说"万物并作，吾以观复"，"复"便是大道的循环运动，如人来于自然而复归于自然，人性生于纯朴而复归于纯朴，都是返本归初。

"弱者道之用"，以柔弱的方式发挥大道的功用。老子认为，大道最具生命能量，故柔韧、舒展、灵活，充满了活力，凡是大道发挥作用的地方，都以柔弱的形态出现。如水，善利万物而不争；如江海，可以汇聚百川之水。大道"生而不有，为而不恃，长而不宰"，"无为而无不为"，这正体现了"柔弱胜刚强"的精神。为什么柔弱能胜刚强呢？归根到底，所谓"柔弱"，就是顺应自然而不妄作，符合事物的发展规律，所以表面上看起来"柔弱"，没有显赫的力量，实际上它是最有力量的。我们平时说，办一件大事，如能"应乎天而顺乎人"，一定能够成功，反之早晚要失败，这就是顺乎

四十章

四十章

四十章

自然和逆乎自然的区别，也就是有道和无道的区别。

"天下万物生于有，有生于无"。把这句话和四十二章"道生一，一生二，二生三，三生万物"联系起来，那么这里的"有"便是那个"一"，"无"便是"道"。"无"指宇宙原初状态，不仅没有天地万物，亦不存在任何现实世界的物质形态。"有"是"无"演化出现存世界的第一个阶段，它混沌未分，是天地万物的母体，这个"有"在不断分化中生成万物。为什么"无"能生"有"呢？如二十一章所说，"无"不是一无所有，它在恍惚中包含着或潜存着后来万有世界的基因，或曰粒子，"有生于无"的过程便是这些基因或粒子由隐而显的过程。这是一种宇宙自足论，坚信宇宙是靠自己的力量来发生发展的，这就排除了任何神造世界的宗教之说，在方向上接近现代宇宙论科学的假说。

# 四十一章

上士闻道，勤而行之；中士闻道，若存若亡；下士闻道，大笑之，不笑不足以为道。故建言有之：明道若昧，进道若退，夷道若纇，上德若谷，广德若不足，建德若偷，质真若渝，大白若辱，大方无隅，大器晚成，大音希声，大象无形，道隐无名。夫唯道，善贷且成。

📖 新说

## 道隐无名

老子所阐述的大道之论是十分深奥的，在当时绝对是超前的。他估计到会有三种情况：一种是上智

四
十
一
章

之人，闻道而信之，修道而行之；一种是中智之人，闻道而将信将疑，理解一部分，怀疑一部分；一种是下智之人，见说大道之不同寻常，则以世俗之浅识讥笑之，以为《道德经》乃无稽之谈，实则出于无知。老子认为大道之论高超绝伦，生机浮浅者之不理解乃至无端指责是必然现象，否则大道就不高明了。我们今天读这一段文字，真真佩服老子有先见之明，老子所说的三种人在当代依然存在。我们看到国内外有识之士，莫不敬仰老子，尊道而贵德，包括当代有成就的自然科学家，如美国的卡普拉，英国的李约瑟，日本的汤川秀树，美籍华裔李政道等人，都是老子的崇拜者，他们认真研读《道德经》，吸收大道的智慧，用以说明自然现象，用以总结科研成果，用以突破科学难题。还有相当一些人，对《道德经》一知半解，学一点用一点，有时日用而不知。还有一些人无端指责老子，给《道德经》加上了"唯心"、"反动"、"倒退"等罪名，他们把"道"解释成类似于黑格尔的"绝对理念"，有的则解释成类似于西方的"物质"概念，似乎有点赞扬，但都是牛头不对马嘴，与真正的大道内涵完全风马牛不相及，这些人不就是老子所预见的闻道大笑的下士吗？他们的思维水平距老子实在太远了，所以沾不上大道的边沿。我们希望今后这样的下士越少越好。诚然，大道是不易解读的，不过我们应采取"虽不能至，心向往之"的态度，虚心向大道靠拢。

老子认为，人们经常嘲弄真理，是因为真理往往与常识相反，和人们的感觉经验相左，所以不容易把握。其实古人早就觉察到这种本质与现象互相矛盾的情况。所谓"建言"，指古人之立言，包含着许多精彩的辩证观点。"明道若昧"者，光明之大道看起来是隐晦不清的，例如和平的主张本来是世界发展的福音，多年来却淹没在斗争哲学的喧嚣之中。"进道若退"者，前进的道路总是曲折往复的，例如农业从集体化退到包产到户，看起来是倒退，实际上是为了发展农业生产，为尔后的现代化大农业创造条件。"夷道若纇"者，平坦的大道却好似不平坦，"纇"者，不平也，也可以说平坦就寓于不平坦之中。"上德若谷，广德若不足，建德若偷"，这三句可并在一起说。"建德"即健德；"偷"，怠惰也。三句的意思是德行高尚广大的人看起来是那么谦虚、平易、从容不迫；反之，德智不足者却往往趾高气扬、锋芒毕露，俗所谓"满瓶不响，半瓶咣当"也。"质真若渝，大白若辱"者，纯真的洁白的事物看起来好似变污含垢，是由于它能容纳和消解各种不良的东西。"大方无隅"，最方正的人却没有棱角，因为他的方正体现在根本原则上，并不去计较小是小非，所以周围的人不觉得他尖刻难处。"大器晚成"本指最大的器皿总是最后完成，后来用于人才的成长，以此鼓励年岁较大的人奋进不懈。这句话有两点可注意，其一从年纪上说，人文科学学者要晚成于自然科学学者，因为需要社会阅历的磨炼，生活出真知，苦难出思想，光有书本知识是不够的；其二"晚成"不限于年龄，也许年轻而有大成就，然而他的投入和积累却远远超过同龄人而相当于年岁较大者。靠投机取巧和走捷径而成就大事业者，古来无有。

"大音希声，大象无形"这两句话成为美学的箴言。普通的音乐是声调优美的，普通的造型是多姿多彩的；然而最美的音乐却在音符之外，最高的造型却不在形象之中。我们欣赏高级的音乐，它的演奏固然动听，由演奏而引发的人们心灵的震颤则更有价值，这种音乐不可聆听而能感受，思想境界不高超，感情生活不细腻的人是无法享受这种音乐的。造型艺术表现形象美，最高的造型艺术则应表现心灵美，而心灵美不是造作、表演的结果，乃是长期积累、自然生成的产物。

"道隐无名"有两义：其一大道成就万物而隐于万物，它并不独立自存；其二得道者隐于世间而不求知名，所谓"真人不露面"是也。真隐士有平常心，做平常人，不求虚名，亦不自视清高，而能与世玄同，浑然不觉。半隐士则欲隐还显，清高傲世，不即不离，虽欲无名而名已显扬，虽欲无事而事已缠身。假隐士则借疏离之态而获扬名之实，标榜清高而暗中媚俗，刻意追求隐居之名。隐士而有很高的知名度，可谓隐士乎？雷锋实心写日记，无心当英雄；雷锋之后有些钻营者昧心写日记，有意泄露，以骗取"英雄"称号，与大道相背而驰。《聊斋》中有云："有心为善，虽善不赏；无心为恶，虽恶不罚。"这个要求是很高的，又是相当宽容的。"无心"为善即是天机自发、自然而为，这是最高境界。有心为善者，我意为善可赏，毕竟在客观上做了好事。但对于昧心假善、暗中作恶者，则要予以揭露，务必使其伎俩不能得逞。无心为恶者当然要谅解，但也要批评，其人也要反省改过，使动机与效果统一起来。

"夫唯道，善贷且成"，只有大道总是施与和成就万物，而不索取和占有，才是大道的真精神。

# 四十二章

道生一，一生二，二生三，三生万物。万物负阴而抱阳，冲气以为和。人之所恶，唯孤、寡、不穀，而王公以为称。故物或损之而益，或益之而损。人之所教，我亦教之。强梁者不得其死，吾将以为教父。

📖 **新说**

**阴与阳**

"道生一，一生二，二生三，三生万物"，这是老子的名句，是中国最早的宇宙发生论公式，其影响可谓大矣。王弼注此句时云：

"万物万形，其归一也。何由致一？由于无也。由无乃一，一可谓无。已谓之一，岂得无言乎？有言有一，非二如何？有一有二，遂生乎三。从无之有，数尽乎斯。"王弼是位大哲学家，他从宇宙本体论的角度注解老子，其理论水平不可谓不高，其创造精神不可谓不强，但是并不符合老子原意，因为老子在这里谈论的是宇宙发生过程，并非王弼认为的逻辑推衍过程。老子认为原初宇宙是无的状态，此即是"道"；尔后由无转为有的世界，但混一未分，此即是"一"；从混沌中分化出阴阳两种对立的力量，形成天与地，此即是"二"；阴阳交感、天地合和，形成各种矛盾的统一体，此即是"三"；各种矛盾的统一体进一步形成千姿万态的事物，此即是"万物"。所以宇宙发生的过程可以简约为道→一→二→三→万物。但绝对不能在"三"之后再加上一个"四"，因为"三"不是数学序列，它有特定的含义，即是"冲气以为和"的和气。"万物负阴而抱阳"是老子书中唯一标明"阴阳"的文句，说明老子认定万物皆是阴阳矛盾的统一体，是由和气构成的，只是具体形态千变万化罢了。老子的思想不是凭空而来的，他是提炼了中国先民长期积累的原始宇宙观而形成的。我们在观察各民族早期创世神话的时候发现，先民普遍认为原初宇宙是一片混沌未分的世界，经过长期分化才形成天、地、万物、人的层次性现存世界。其中最有名的是盘古氏开天辟地的神话，把由混沌到天地的开辟功劳归于一位大神，这是原始神话的幻想性、故事性的特色。老子的宇宙生成论正是对这种原始神话进行理论抽象和概括的结果，并最后归结为道。由此可知，中国哲学是从早期宗教与神话中孕育出来的。老子以后，有《淮南子》的宇宙生成论，尔后又有周敦颐的宇宙生成论，观其内在联系，皆由老子一脉相承。

本章提出的"物或损之而益，或益之而损"，此即是矛盾对立面转化的辩证观，是一种深刻的真理和人生智慧。用一种通俗的表述方式便是：坏事变好事，好事变坏事。我们掌握了这种智慧便可以促进坏事变成好事，防止好事变为坏事。例如："文化大革命"是一场浩劫，但许多经历过的人由此而得到极大的磨炼，把苦难化成一种精神财富。又如一个人生了一场病，由此警觉起来，去掉不良生活习惯，改善营养结构，进行体育锻炼，从此变得健康。还有另外一类例子，改革开放使人们逐渐富裕起来，下一代的孩子们也生活得很幸福，可是孩子们的生活太优裕了，家长对孩子过于溺爱，于是孩子吃不了苦，娇弱、任性，心理成熟放慢，健康人格不易形成，这就是物极必反的道理。当然，转化是有条件的，不是任意的。坏事要变成好事，需要积极总结经验，吸取教训，否则只会留下消极后果。也不是所有的好事都必然变成坏事，只要加以警惕，主动将不利因素化解，自觉进行局部的自我否定，那么便可以使良性状态得到长久的保持。所以老子提出"图难于其易"（六十三章）、"慎终如始"（六十四章）、"知足不辱，知止不殆，可以长久"（四十四章）。

　　"人之所教，我亦教之。强梁者不得其死，吾将以为教父。"前一句是说老子的教育理念是总结社会众人的教育经验而来的，不过是以社会之道还治社会而已，并非凭空捏造。修道者最忌讳强暴逞凶，因为这样最违背自然无为和衣养万物而不为主的大道精神。强横的人往往不得好死，这是社会生活反复证明了的。把这种反面情形作为施教之本，比正面教育更能收到警世的效果。人的成长往往不是成绩的积累，而是失败的磨砺，所以反面教训是不可缺少的一环。

# 四十三章

天下之至柔，驰骋天下之至坚。无有入无间，吾是以知无为之有益。不言之教，无为之益，天下希及之。

## 新说
### 无有
### 入无间

"驰骋"作自由穿行讲。天下最柔软的东西能在天下最坚硬的东西中自由穿行。按照王弼的注释"气无所不入"，气是无形的，它存在于任何事物之中，可聚可散，不受限制。若以硬碰硬，或者两败俱伤，或者一方破碎。引申出来说，精神的力量，感情的热度，道德的感染，可以化解最暴烈的行为，这就是以柔克刚的道理。

"无有入无间"，无形的东西能穿透无间隙的事物。事实上再无间，也会有细小的间隙，只要遵照无形之道，仍然可以进入其中。庄子发挥老子的思想，其《养生主》一篇，提出"以无厚入有间"的人生智慧，颇值得我们深思。庖丁解牛的寓言昭示了这样的生活真理：社会生活到处充满了阻隔和碰撞，如同牛的筋骨肯綮，得道之人善于"依乎天理"，按照自然规律办事，不去与人抢位子、争利益，总能找到属于自己的生活空间，并自由生活在其中，而不妨碍任何他人的发展，这样便可以"恢恢乎其于游刃必有余地矣"。

# 四十四章

名与身孰亲？身与货孰多？得与亡孰病？
甚爱必大费，多藏必厚亡。故知足不辱，知止
不殆，可以长久。

📖 **新说**
**得与失**

名誉和身体哪一个更亲近呢？
身体与财富哪一个更重要呢？名利
（得）与死亡（亡）哪一个更有害
呢？这些问题本来不难回答。毫无
疑问，相比之下自己身体的安全与
健康是最重要的，因为它是人生其

他价值的基础，丧失了生命，其他一切都失去了意义。但是这么清楚的道理有些人就是不明白，他们比不上小学生的数学水平，不会算这笔账，宁要虚名不要活命，宁要钱财不要脑袋，利令智昏，欲使理丧，直到走上黄泉之路，这是十分可笑可悲的。

过分贪爱必招来大的破费，太多的私蓄必造成大的损失，这也是生活的真理，已为无数历史与今天的事实所证明。大富豪的家庭容易成为绑匪攻击的目标，普通人家就没有这个顾虑。而且破费与损失往往不是来自外部，而是来自内部。例如有人钱多了便胡作非为，吃喝嫖赌抽，特别是吸毒和嫖妓，吸垮了家庭和身体，感染上艾滋病，简直就是用钱来摧残自己的生命。古往今来有多少富豪子弟由于腐化而倾家荡产，使祖上的辛勤付之东流。在今日中国，法律之剑正在惩治那些腐败的官吏，小贪小倒霉，大贪大倒霉，贪污巨款者便要付出生命的代价。社会上出现"五九"现象，有些干部在六十岁即将退休之前，不惜一切地拼命捞钱，置一生的荣誉于不顾，他们的信条是：有权不用，过期作废。结果进了监狱，上了刑场，他捞到的好处一点也带不走。而且一个倒下了，后来者照捞不误，或者更加疯狂，真有前赴后继之势，其执迷不悟以至于此。《红楼梦》里说："机关算尽太聪明，反误了卿卿性命。"又说："乱哄哄你方唱罢我登场，反认他乡是故乡，甚荒唐，到头来都是为他人作嫁衣裳！"此乃指责世人的痴愚，聪明反被聪明误，失去了自我而不知反悔，真乃痛切之语，其精神与老子是相通的。陈水扁、吴淑珍贪得无厌，不择手段，广收钱财，成为臭名昭著的贪污之家，而为世人所唾弃，这是"甚爱必大费"的又一突出例证。

"知足不辱，知止不殆"是生活的箴言，但要全面正确理解。一者既要不知足又要知足，在事业和学问上要永不知足，活到老做到老学到老，在生活享受上则要适度而止，保持一种与普通民众相距不远的水平，朴素而健康，不夸耀不奢侈，如有多余的钱财可用于社会文化教育福利慈善事业。二者人格上要自尊知趣，古语云："无欲则刚"，无所贪求，不必曲求于人，则易于刚直不阿；反之，私欲太重，必然钻营逢迎，结党拉派，或自辱于人，或取辱于人，皆不能保持人格的尊严。

四
十
五
章

大成若缺，其用不弊。大盈若冲，其用不
穷。大直若屈，大巧若拙，大辩若讷。躁胜
寒，静胜热，清静为天下正。

📖 新说
**大成若缺**

英国诗人勃朗宁说："不完全
的才是最完全。"如断臂的维纳斯，
永远富于想象。勃朗宁的话够精彩
的了，还不如老子"大成若缺"四
个字简练。"大成"是一个永远不
断的创造过程，一旦"完满"不再

创造，"大成"也就变成了阶段性的"小成"。一件艺术品，一部小说，如果作者把它百分之百地完成了，一定不是高水平的。出色的文艺作品必须留下广阔的空间让读者在欣赏中去补充去发展，欣赏是创作的继续，并且没有止境，这就是"大成若缺，其用不弊"。思想和主义也是这样，一旦宣布"完成"，便是它的终结。必须不断地补充、修正、创造，它的生命力才能保持，所谓"常新常驻"是也。人不是神，总是不完美的，把圣贤说得天花乱坠，把英雄吹得高大美全，马上就失去了影响力，因为太脱离人情，无法加以学习，也就不必认真了。对人对己都只能有个基本要求，同时要突出个性和优势，宽容别人的缺陷，了解自己的不足，不为吹捧冲昏头脑，不因其短而掩人所长。

"大盈若冲，其用不穷"，真有学问者必须虚怀若谷，这样才能不断更新知识，充实自己。须知，天外有天，人外有人，越是深入知识的海洋，越感到自己知之甚少，古语云："学然后知不足。"凡是自吹老子天下第一的人，都是心理状态不健全的人。

"大直若屈，大巧若拙，大辩若讷"，最高的智慧总是好像没有智慧，因为人们习惯了小智慧，不懂得大智慧不是没有智慧，而是超越了普通的智慧，一般人不理解而已。刚直不阿不是最难的，最难的是兼顾法理与人情，委屈以求其全，既不离大体，又灵活行事，把好事办成。选择逃避不是最难的，最难的是在现实中改造现实，与时俱化俱进，有时候还要含垢忍辱，忍受舆论的指责。"大直"者顺乎自然者也，自然有曲直，则顺之而已。好走捷径，则欲速不达。从宏观宇宙论来说，纯粹的直线是没有的，时空都有弯曲。"大巧若拙"者，返朴归真，从性情中流出，宛若天成也。"大辩若讷"者，以事实不以雄辩，不是解释给人听，而是实行给人看，处无为之事，行不言之教。受老子启发，后人推演出"大智若愚"、"大勇若怯"等句，流传于社会。

"躁胜寒，静胜热，清静为天下正"。这是基于生活而提炼出来的真理。人躁动而生热，故可胜寒；人冷静而体凉，故可胜热。冷热的感觉和人的心理、情绪关系甚大。俗话说："心静自然凉。"在一个动荡不宁的社会环境里，清静修于内可以正性情；清静修于外可以正天下。思考、反省都需要心态的平静。成就国家大事和个人的事业当然需要激昂的热情、卓绝的毅力，但是在决策阶段，在困难的关头，在如火如荼的热流中，决策者保持冷静的头脑和理性的态度是至关重要的，否则便会出现决策错误、判断失真，造成严重后果。一九五八年的"大跃进"和十年"文化大革命"的历史教训，也是明证。改革开放以来，社会运作回到理性的轨道上来，所以成就巨大，其中重要一条就是决策不脱离中国的国情，坚持实事求是的态度。也曾几度出现过热的现象，总是由头脑过热导致经济过热，但都得到及时的纠正。所以对于管理者来说，切记老子"清静为天下正"的话是十分必要的。

# 四十六章

天下有道，却走马以粪；天下无道，戎马生于郊。罪莫大于可欲，祸莫大于不知足，咎莫大于欲得。故知足之足，常足矣。

📖 新说
## 罪莫大于可欲

中华民族是爱好和平的民族，向来有反战的传统。中国古代思想家没有不坚决反对战争的。不得已而为之，只能是反抗侵略和暴政的正义战争，即使是这样的战争也要适可而止，不加以炫耀，因为战争总要造成死亡和破坏，能避免则尽力避免。老子认为，有道的社会，大家把战马用来耕地，从事生产活动；无道的社会，战乱不息，军马只能在郊野战场上生下小马驹。老子针对春秋末期诸侯间争战不休发出声讨，并指出这些战争都是由于贵族当权者贪心不足而发动的。本章所说的"罪莫大于可欲，祸莫大于不知足，咎莫大于欲得"，不是泛指，更不是针对平民百姓的生活需求，而是特指当时诸侯们扩展领土、争权夺利的贪欲和野心，这种贪欲和野心造成大量士兵的流血牺牲，造成平民百姓的流离失所和忍饥挨饿，其罪过超出一般的杀人放火，其灾祸超出一般的水旱天灾。按照孟子的说法，"善战者服上刑"，发动战争的人是最大的罪犯，是人民的公敌。一只老虎最多吃掉几个人，可是法西斯头目希特勒却"吃"掉了几千万人，所以罪大恶极。

"故知足之足，常足矣"，对这句话常有人批评，认为它叫人安于现状，不求进取。其实我们不妨从不同的角度进行理解。人和社会都不能停留在一点上，都要不断进步，不断创新，在这个意义上，"不知足"是真理，"知足"是违背人的本性和社会发展趋势的。但是人总要有所不为而后才有所为，不可能一切方面都不知足，否则每件事情都做不好，人的内心一刻也不会安宁。例如有人想把权、名、利、学各方面都兼而有之，其结果是一样也得不到。为官者可以要名要事业，但不要太贪利，否则贪赃枉法会导致身败名裂。为商者可以要金钱享受，但必须舍弃权位和学术，如要从政为学则要弃商。为学者应当追求学问和真理，但必须淡泊权力和金钱，在物质生活方面易于满足，否则他不能成为一个好的学者。由此可知，一个人既要不知足，又要知足；在自己从事的最主要的事业上永不知足，在其他方面容易知足，不能什么事情都是高标准。另外，幸福和苦恼在某种意义上是人的一种感觉，幸福是一种满意的感觉，苦恼是一种不满意的感觉，两者之间并没有一个绝对的界限。例如住房，从无立锥之地到有一个栖身之所，人会感到幸福；从全家挤住小房到搬住宽敞大房，人也会感到幸福。但如果再搬回小房，人便会苦恼，因为生活水平比过去降低了。所以幸福与苦恼的感觉都是相对的有条件的。住进大房的人不和自己的过去比，不和周围住房条件不好的人比，而去和有别墅有田庄的人比，他依然不会有幸福感，甚至感到失落、惭愧。欲壑难填，有别墅有田庄的人如果和住在皇宫、据有国家的国王相比，他依然不满足。所以老子说真正的满足是"知足之足"，把追求的标准降低，使之适合自己的能力和水平，顺应自然发展的趋势，不作过分的期望，那么他就会内心充实、愉快，这种自得自乐的感觉也会持久。由此可知，"知足常乐"这句话还是有价值的。

不出户，知天下；不窥牖，见天道。其出
弥远，其知弥少。是以圣人不行而知，不见而
明，不为而成。

这里所说的"知"，不是指普
通的知识，而是指对宇宙大道的体
认。体认大道不能靠感觉经验，不
能向外寻觅。大道深藏在事物内
部，超言绝象，并与人性相连，只
能靠人的反观内省、与道同体，感

悟大道的价值和存在。人的内心只有在虚静明澈的状态下才能与大道相通，任何的思虑作为不仅是无益的，也是有害的。

这一章应结合下一章来说明。

四
十
八
章

---

为学日益，为道日损。损之又损，以至于
无为。无为而无不为。取天下常以无事。及其
有事，不足以取天下。

---

📖 新说

**为学
与为道**

　　老子指出人类有两种不同的
认知活动，一种是"为道"，一种
是"为学"，它们的对象不同，所
以认知的方式也不同。大道是宇宙
的总源和本体，是形而上者，是一
种无限性的存在，人们无法用普通

的有局限性的认识手段加以把握，甚至无法用语言加以表述。普通的事物是"为学"的对象。河上公《老子章句》注曰："学谓政教礼乐之学也"，其实为学不止于政教礼乐，它包括一切非根源性的形而下的学问。老子认为"为学日益"，要不断积累知识，是个"加"的过程。但是"为道日损"，体认大道要走与"为学"相反的路，是个"减"的过程，就是要减少知识、经验、成见，"致虚极，守静笃"（十六章），使内心虚一而静，由此观照大道。冯友兰先生认为"为道"是一种"负"的方法，是老子首倡的。普通的认识总要有个认识主体与认识对象，主体与对象要有一定的距离，才能加以了解和考察。但是大道是一种根源性的无限性的存在，作为认识主体的人就是大道的部分和表现，他不可能与大道拉开距离，拉开了则人不成为人，道不成为道。人只能在人道合一的境界里感受大道的伟大和作用。

认识过程的加法和减法，人们在生活中会交替使用。例如读一本新书，第一阶段是逐页增加，越读越厚，直到读完，这是加法；第二阶段是品味消化，明其精要，专注亮点，越读越薄，这是减法。加法是积累知识，减法是得其神韵。如果要体认宇宙最深层的本质——大道，当然要把减法用到底，超越一切形而下的知识，这便是"损之又损，以至于无为"了。

但是大道又不是脱离万事万物的。道体为无，道用为有，大道是无与有的统一。体道须无为，用道须有为，人要透过万事万物去洞察大道的存在，所以在一定范围内和一定阶段上的"为学"还是必要的，或者说要用"为道"的方式指导"为学"的活动，"为学"要服务于"为道"，这样，便可以无所不学，而所学皆能合于道，便可以达到本章所说的"无为而无不为"的目标。

"无为而无不为"这句话表现了老子哲学在"无为"背后的积极精神，原来老子无为论的真正目的在于更好的、更普遍的有为。比如治理天下，最高领导者要清静无为，社会各阶层各部门都能各得其所，各尽其职，则天下必然大治，这就是无为而无不为。反之，最高领导者独断专行，实行繁政苛令，社会各阶层各部门都各失其位，各怠其工，则天下必然大乱，这就是"及其有事，不足以取天下"。老子"无为而无不为"的思想，就其本质而言，不仅是积极的，而且具有民主的性质；其目的是发挥社会所有人的正当作用，最高领导者

四十八章

四十八章

153

的责任只在为社会众人的参与管理创造必要的条件，而不是代替众人、独揽一切。民主管理便是"无为而无不为"，专制独裁便是"越俎代庖"。

圣人常无心，以百姓心为心。善者，吾善之；不善者，吾亦善之，德善。信者，吾信之；不信者，吾亦信之，德信。圣人在天下，歙歙焉，为天下浑其心。百姓皆注其耳目，圣人皆孩之。

📖 **新说**

**圣心**
**即民心**

"圣人"是老子理想的得道在位之人，他从来没有个人的私心，他想百姓之所想，做百姓之所需，所以"以百姓心为心"是一种伟大的公仆意识。民之所欲，君必从之。在那么古的时代有这样的政治理念是非常了不起的。

社会人群有善有恶，得道者应兼容并治，不要抛弃有恶习者。能够善待不善者，能够信任不信者，这是为政的难处，也是为政的长处。久而久之，它会使不善者向善，使不信者有信，社会便会得到真正的治理。在上者和合宽容，民众便会归于浑朴；在上者刻薄狡诈，民众便会作伪欺骗。竞相用智，世风日下；回归淳厚，百纷易解。所以社会风气的好坏，在上位者自身的状态和导向起关键的作用。吏治清廉，则社会道德容易树立良好风气；吏治腐败，则社会道德必然不断滑坡，在这种情况下的道德教育便是伪善的、具有欺骗的成分，越教育越糟糕。

出生入死。生之徒，十有三；死之徒，十
有三；人之生，动之于死地，亦十有三。夫何
故？以其生生之厚。盖闻善摄生者，陆行不遇
兕虎，入军不被甲兵。兕无所投其角，虎无所
措其爪，兵无所容其刃。夫何故？以其无死地。

📖 **新说**

**摄生之道**

"出生入死"这句话就其本义而言，不是形容英雄行为，而是描绘人的生命过程。韩非子《解老》说："人始于生，而卒于死"，每个人都是如此。不过出生入死的情

况各有不同。有的人中途夭折，有的人终其天年，有的人健康长寿，还有的人"死而不亡"。本章讨论养生防祸之道。老子认为属于长寿的生命占总人数大约十分之三；属于短命的生命大约也占十分之三；属于本可长寿而自蹈于死地的生命也占十分之三。关键在于本可长寿而自引灾祸造成短命的情形，是人力可以避免的。为什么有些人"动之于死地"呢？"以其生生之厚"，也就是自我奉养过于丰厚，其结果事与愿违，损害了生命机体的功能，这是最为可悲的。《吕氏春秋·情欲》说："出则以车，入则以辇，务以自佚，命之曰招蹶之机；肥肉厚酒，务以自强，命之曰烂肠之食；靡曼皓齿，郑卫之音，务以自乐，命之曰伐性之斧。"《淮南子·精神训》说："五色乱目使目不明，五声哗耳使耳不聪，五味乱口使口爽伤，趣舍滑心使行飞扬。此四者，天下之所养性也，然皆人累也。故曰嗜欲者使人之气越，而好憎者使人之心劳，弗疾去则志气日耗。夫人之所以不能终其寿命而中道夭于刑戮者何也？以其生生之厚。夫惟能无以生为者，则所以得修生也。"生生之厚，一则伤身，二则招祸，所以不是养生之道。

老子认为真正善于养生的人，他懂得清静无为的道理，与世无争，远离是非之地，这样他可以从根本上避免灾祸的伤害，这就是"陆行不遇兕虎，入军不被甲兵"的缘故，因为他没有进入死亡地带。一个生活在社会政治斗争焦点中的人，命中注定要遭遇各种凶险和艰难，不论他如何严密防范，如何东躲西藏，都难免受到攻击、遭人暗算，只要他决心从事社会政治，他就要有充分的思想准备，随时会有危险发生。美国总统的警卫不可谓不严，可是历史上有好几位总统遇刺，这是防不胜防的。政治领袖没有个人行动自由，因为需要保护，这是从事政治所要付出的代价。而普通百姓反倒可以自由自在，一般情况下是不会发生危险的。如何生活，这就看个人如何选择和社会给个人提供的机遇了。

五十章

# 五十一章

道生之，德畜之，物形之，器成之。是以万物莫不尊道而贵德。道之尊，德之贵，夫莫之爵而常自然。故道生之，德畜之，长之育之，亭之毒之，养之覆之。生而不有，为而不恃，长而不宰，是谓玄德。

📖 新说
**尊道贵德**

通行本为"势成之"，帛书甲乙本均为"器成之"，故改。万物的形成，从根源上说皆生于大道，故曰"道生之"；得于道而有该物之质，德者得也，故曰"德畜之"；有质体必有形态，方成一物，故曰"物形之"；人工之物为形器，须加工制作，而有器物之用，故曰"器成之"。总之，万物由道而生，因德而畜，为物而形，依器而成。

　　"尊道而贵德"，这是道家的基本信仰。"尊道"者，以崇道为归依，以修道为功夫，以得道为目标。"贵德"者，将大道落实为人性，自然、包容、圆满、深沉、谦和，成就一个理想的人生。道德之尊贵不是人为的册封，而是自然如此，天性使然。大道生养万物，玄德畜育万物，使万物生长成熟，但不占有不主宰不自傲不干预。这是道家的"道德"不同于其他宗教的至上神的最大特点。如果这个世界的道德善性都能成为一种普遍的自然人性，是习惯成自然的，丝毫不依靠天堂的诱导和地狱的惩罚，没有外在的压力，那么这个世界就一定是最美好的。不得已而求其次，在宗教的帮助下，在道德的感召下，在法律的监督下，人们弃恶从善，使好人得到支持，使坏人受到孤立，把犯罪减到最低限度，这样也不错了。

# 五十二章

天下有始，以为天下母。既得其母，以知其子；既知其子，复守其母，没身不殆。塞其兑，闭其门，终身不勤。开其兑，济其事，终身不救。见小曰明，守柔曰强。用其光，复归其明，无遗身殃，是谓袭常。

📖 新说

**守母知子**

老子用母子关系形容大道与万物的关系，这一方面比较形象地说明了大道的根源性和万物的派生性，另一方面也表现出《道德经》

的女性文化特征。老子虽然尊道贵德，但不看轻万事万物。正像母与子是不可分离的一样，大道与万物也是不可分离的。老子只是要人们不离母体，以大道为依凭，从而可以更好地把握大道所派生的万事万物，他要人们得母知子，知子守母，守母则母子两全，离母则母子两失。

作为宇宙之母的大道，其道体视之不见，听之不闻，处在玄冥之中，能够洞察这样的大道是一种高明的智慧，故曰"见小曰明"；大道以弱为用，柔顺无为而无不为，天下莫能与之争，故曰"守柔曰强"。洞察这样的大道，不能凭普通感官从外部获取信息，而要靠内在的体悟，所以老子主张"塞其兑，闭其门"，即阻断精神的外向流失，使之专注于内心的玄解。这与"为道日损"的体道方式是一致的。"袭常"者，因袭常道也。常道须臾不可离，故要因袭，使之连续不断。

# 五十三章

---

　　使我介然有知，行于大道，唯施是畏。大道甚夷，而人好径。朝甚除，田甚芜，仓甚虚；服文采，带利剑，厌饮食，财货有余，是谓盗夸。非道也哉！

---

📖 **新说**
## 盗夸非道

　　"施"有两解，一曰施为，二曰邪行。我意为前者，"施"即有为，指统治者专断独行和穷奢极欲，总之是倒行逆施，违背社会进步和民众利益。得道者则以行道为务，时刻警惕上述错误行为。本来大道十分平坦，但有些君王偏要离开大道而走斜径，使得朝廷腐败，田野荒芜，仓库空虚，而自己却穿戴豪华，佩带宝剑，大吃大喝，聚敛财富，把自己的享乐建立在百姓的痛苦上，虽然名为君王，实际上就是强盗头子，窃得了国家的权力，向人民进行掠夺，比普通的强盗还要凶狠百倍，因为他们不受社会的制约，可以公开地为所欲为。对于一切欺压盘剥人民的执政者皆可如是观，这样的政权就是强盗政权，在位者就是一批强盗。老子站在人民的立场上，对这些人进行声讨，用"盗夸"即强盗头子来形容暴君，真是既深刻又尖锐。庄子后来有句名言："窃钩者诛，窃国者为诸侯"，就是从老子思想演变出来的。老子庄子都能以小喻大，给予反人民的统治者以有力的揭露，从而论证了人民革命的正义性，那不过是夺回应属于自己劳动所得的东西。《墨子·非攻》讲义与不义的问题，说杀一人、十人、百人，谓之不义，天下君子皆知而非之；攻城兼国之大不义，天下君子却不知非而谓之义，这是犯了"不知类"的错误。普通人都知道杀人放火、偷盗抢劫是强盗行径，人人都主张将强盗绳之以法，以保证公众利益和社会安宁。但是对于有合法外衣的执政集团的压榨掠夺行为，就不那么容易识别和惩处了。其原因在于：执政集团有理论的合法性，或谓君权神授，或谓民意所归；有实际的控制力，军队、法庭、官吏皆操纵在他们手里；有传统的习惯性，原来也许能照顾民情，后来蜕变了，其余威和影响仍然存在，不易识破。而民众从觉悟到组织起来反抗不义，以至于最后成功，要有一个相当艰难曲折的过程。普通的强盗比较容易对付，其危害往往具有局部性质，而且受害者往往是富贵之家。不少强盗是下层民众谋生无路铤而走险的，所以有杀富济贫的行为，值得同情，如《水浒传》里的好汉们许多是逼上梁山的。而窃国者的在位强盗则能祸国殃民，其危害是全局的，几乎无人能够幸免。我们不妨说，历史上许多山林强盗正是在朝强盗逼出来的。只知剿灭山野盗贼，不知讨伐权势强盗，是本末倒置，从来不能真正解决问题。老子的伟大正是超出一般世俗的强盗观，揭示了窃国大盗的真实面目，使人们有一种觉醒。

善建者不拔，善抱者不脱，子孙以祭祀不
辍。修之于身，其德乃真；修之于家，其德乃
余；修之于乡，其德乃长；修之于邦，其德乃
丰；修之于天下，其德乃普。故以身观身，以
家观家，以乡观乡，以邦观邦，以天下观天
下。吾何以知天下然哉？以此。

📖 新说

以物观物

　　"善建者不拔，善抱者不脱"，
善于建树的人不会被拔除，善于把
持的人不会脱落。为什么？因为他

以众人的建树为建树，以众人的把持为把持，没有私自的利益，因此也不会有个人的损失。比如建立独裁统治，早晚有一天会被革除；把持权力和财富，早晚有一天会脱手而去。《红楼梦》说："世人都晓神仙好，惟有功名忘不了；古今将相在何方？荒冢一堆草没了。世人都晓神仙好，只有金银忘不了；终朝只恨聚无多，及到多时眼闭了。"这里有深刻的真理，一切功名金银都只能暂时属于某些人，不能永久把持。唯有得道者以天下为公，其事业才是永恒的。

道家和儒家一样，都强调修道先要从自身做起，然后由近及远、由内向外推广。《大学》提出"格物、致知、诚意、正心、修身、齐家、治国、平天下"的八条目，并说："自天子以至于庶人，壹是皆以修身为本。"后人概括为"修、齐、治、平"，成为儒家修养论的基本公式。老子在这里强调修道先要从修身开始，然后修家，然后修乡，然后修邦，最后修天下，使大道逐步普及，流泽天下。修身是根基，根基不牢，则枝叶不繁，为国为民会成为一句空话。庄子谓："道之真以治身，其余绪以为国家"，他比老子更强调充实自身的重要性，把治国看成治身之余事，自然而成，这与儒家着力于成己成物有所不同。至于所修的内容显然儒道两家的判别就更大了：儒家要修仁义之德，道家要修淳朴之性。

这里值得特别提及的是"以身观身，以家观家，以乡观乡，以邦观邦，以天下观天下"的思想。一种解释是从我观照他人，从我家观照他家，依此类推。这种解释未必恰当，至少"从我的天下观照他的天下"的说法不通，因为天下在古人心目中只有一个，即指他们所能认识和理解的人间，所以天下是不能分你我的。依我的理解，这几句话的意思是说：人们应当按照身的面目来认识身，按照家的面目来认识家，按照乡的面目来认识乡，按照邦的面目来认识邦，按照天下的面目来认识天下。总之要还其本来面目，不添加任何主观的成分，这才是老子无为认识论的本来精神。老子提倡顺应自然的无为之学，其目的就是要克服人们在认识世界时产生的各种偏执成见，使各种事物保持和显现其本然状态。这个标准是很高的，还事物本来面目谈何容易，人们只能无限地向这个目标接近，而不可能完全达到，因为认识过程总或多或少带有主观的成分，这里不仅有成见，还有认识的角度和方法的局限性和无限多样性。老子说：

"吾何以知天下然哉？以此。"他尊重客观世界，主张按事物的自然本性和发展规律去认识和做事，他的"观"的理念强调认识的客观性、真实性、完整性，这对于科学认识和改造世界，克服唯意志论是有价值的。

# 五十五章

含德之厚，比于赤子。毒虫不螫，猛兽不据，攫鸟不搏。骨弱筋柔而握固，未知牝牡之合而脧作，精之至也。终日号而不嗄，和之至也。知和曰常，知常曰明，益生曰祥，心使气曰强。物壮则老，谓之不道，不道早已。

📖 新说

## 赤子厚德

老子喜欢用水比喻大道，用婴儿比喻得道者。道家以返朴归真为宗旨，而人类最纯朴的本性集中体现在婴孩身上。赤子有两个特点：

五十五章

一是含德深厚，没有接受世俗社会的不良影响，不会说谎，不会损人，没有野心，没有造作，他是纯天然的，表现出来的都是自家的真实面目；二是精气充沛，骨弱筋柔，他的生命潜力巨大，正在展开之中，没有遭到浪费和践踏，元气纯和，充满了活力。老子认为，在文明社会里，人的成长，往往伴随着知识和经验的丰富而丧失了人性本真，所以人要通过修道回归自我，达到心理上和生理上返老还童的目的。当然，返老还童不是真的回到婴孩状态，而是在更高的基础上返回纯朴的人性，返回精气和粹的状态。现代人有保护儿童的意识，却没有学习儿童的意识；大人有教育儿童的观念，却没有以儿童为师的观念，这是有欠缺的。如果我们能使成人与儿童互学互补，就可以使人性在升华中避免异化，在回归中避免倒退，逐渐臻于完美。

儒家受了老子的影响，也赞赏婴孩。孟子说"大人者不失其赤子之心也"，其说显然来自老子。明代李贽提倡童心说，曰"夫童心者，真心也"，"绝假纯真，最初一念之本心也"（《焚书》卷三）。李贽为泰州学派勇将，其思想受王阳明心学和佛学影响，同时又具有道家的鲜明特色，主要表现是不求为圣贤，而求为真人，真人则具真心，说真话，做真事，不掺一毫虚假成分，而真人就是具有童心的人。有趣的是基督教也赞扬儿童。《新约·马太福音》说：要想进入天堂，就必须像婴儿那样，否则就不能进入天堂。婴儿没有邪恶和仇恨，人只有像婴儿那样善良纯厚，才能有进入天堂的资格。马克思也说过这样的话："一个成人不能再变成儿童，否则就变得稚气了。但是，儿童的天真不使他感到愉快吗？他自己不该努力在一个更高的阶梯上把自己的真实再现出来吗？在每一个时代，它的固有的性格不是在儿童的天性中纯真地复活着吗？"（《〈政治经济学批判〉导言》）由此可知，人类的大思想家都意识到人在成长中的异化，需要在本性上向儿童回归，这是人类在进化中必须解决的一个问题。

"知和曰常，知常曰明"，这句话提出"和"、"常"、"明"三个概念。"和"即纯和、和谐。二章曰"音声相和"，四十二章曰"冲气以为和"，"和"皆指矛盾的统一、均衡、配合状态。老子认为大道的常态是和谐，而不是斗争，斗争或者绝对同一都是不良状态，应当避免。这与孔子"和而不同"的思想是一致的。"知常曰明"一句，在十六章出现过一次，前句是"复命曰常"，这是从另一角度说明大道常态，即各种事物恢复自然本性，与大道一体化。可知老子所谓常道有两个特征：一是和谐，二是自然。人能明白常道便是有智慧的表现，即是"知常曰明"，反之，"不知常，妄作凶"（十六章）。人是聪明的动物，但经常不把聪明用在正经地方，而是用在损人利己上面，结果是聪明越大，所干的蠢事和坏事就越多。由于违背社会和谐和自然规律，必然招致灾祸凶咎，在得道者看来是"小聪明，大糊涂"。所以人必须懂得自然、社会和人生之常道，才能有洞察力和预见性，才是真正有智慧的人。

"益生曰祥，心使气曰强。物壮则老，谓之不道"，这几句是连在一起的。这里的"益生"即是贪生，即是七十五章说的"贵生"，自我奉养过于奢厚，这是不祥之兆，"祥"，妖祥也。这里有两种情况：一是奉养太过，则盘剥无度，不恤他人，事业上会遇到危机；二是奉养太过，则迷于酒色，损害健康，不会长寿。"心使气曰强"是指心气高傲，颐指气使，盛气凌人，自以为强大无比。岂不知"物壮则老"，凡是自我膨胀太过，欺人太甚，不知收敛者，没有不走向反面，最后垮台的。这是一条规律，因为这样的行为背离了大道，必然要受到惩罚。

知者不言，言者不知。塞其兑，闭其门，
挫其锐，解其纷，和其光，同其尘，是谓玄
同。故不可得而亲，不可得而疏；不可得而
利，不可得而害；不可得而贵，不可得而贱。
故为天下贵。

📖 新说

**和光同尘**

"知者不言，言者不知"，这里的"知"，即是"智"，指大智慧者，所不言者，非一般之知识，乃宇宙大道也。大道是无限者、本源者，求道靠体悟，不靠语言文字，有时候语言文字反而成为一种累赘和障碍。故后来玄学家云："得意而忘言。"以为真理就在语言之中而整日喋喋不休者，必非真有智慧者。

"塞其兑，闭其门，挫其锐，解其纷，和其光，同其尘，是谓玄同"，这里是在描绘得道者的气象，把感官收敛起来，不露锋芒，消融纠纷，柔和光辉，混同尘世，这就会暗中与大道自然同体。得道者既要超越现实，又要玄同现实，他是一个平常人，有一颗平常心，因此不会标新立异，不会傲世不群，他以百姓心为心，在潜移默化之中，改良社会和人生。当然"玄同"绝不是同流合污，而是符合大道的方向，与社会生活的健康发展相一致。同流合污者是那些通其兑、开其门的感官享受者，他们为了个人的物质利益，不惜出卖灵魂，甘心堕落，与害民乱世者为伍。"玄同"的境界和气象可用后来玄学家的话来解释："应物而无累于物。"得道者所做的事，与一般人没有不同，人伦日用皆相与而行之；但是得道者的心态又不同于一般人。他从不偏执、粘滞，不受外界事物的拖累，不会成为金钱、权力、情感的奴隶，他永远是生活的主人。

这样的得道者，世俗、社会不会太亲近他，也不会疏远他；不会施利于他，也不会加害于他；不会使他尊贵，也不会使他低贱。因为世俗社会通行的那一套人情世故、行为方法对他丝毫不起作用，他只是以大道为准绳，早已超越了世俗的是非利害。既然道尊而德贵，那么得道者当然也是天下最尊贵的。

五十六章

# 五十七章

以正治国，以奇用兵，以无事取天下。吾何以知其然哉？以此：天下多忌讳，而民弥贫；人多利器，邦家滋昏；人多伎巧，奇物滋起；法令滋彰，盗贼多有。故圣人云：我无为，而民自化；我好静，而民自正；我无事，而民自富；我无欲，而民自朴。

📖 **新说**

**无为而治**

"以正治国，以奇用兵"，这两句话就概括了政治与军事的特质，可以说是一字千金、一言九鼎。治国必须用正道，其意是要按照公认的原则，堂堂正正地去治理国家，不要个人的随意性，不要暗中的勾当，不要企图出奇制胜，这些都不符合健康政治的要求。政治要为民众办事，要协调各阶层各集团之间的利益，要管理社会的日常生活，要使社会安定而有秩序地向前发展，一定要有一套公开化、法律化的行为规则，要有彼此制约和互相监督的机制，要有计划有步骤地进行社会建设事业，这些都属于以正治国的范围。军事则不然，军事是一种非常时期的行为，它是社会矛盾发展为对抗性矛盾，其他手段无法解决，只有采用武力才能解决的斗争形态。用兵作战的目的、方向是受政治制约的，但是用兵的具体做法却不能因循常规，而是要强调出奇制胜。历史上的战争，往往是以少胜多、以弱胜强，就是因为用兵双方并不总是正面较量，而是高明者与对手斗智，出其不意，攻其不备，静如处女，动若脱兔，还要制造假象，迷惑敌人，进行心理战、情报战，俗话说兵不厌诈，向来如此。不知道严守机密，不懂得声东击西，而按照政治公开化的原则去用兵，那就是蠢人，没有不失败的。反之，在政治上搞鼠窃狗偷，搞阴谋奸诈，搞暗箱操作，搞特务行动，这样的政治必然是专制独裁的政治，也是不会长久的。

"以无事取天下"，"无事"即无为，也就是顺应自然而为之，如五十一章所说："生而不有，为而不恃，长而不宰"，如此便是以德服人，得到天下民众的拥护。这与儒家提倡的王道是相通的。如果执政者不实行上述原则，而是骄奢、专断、高压，不仅不能治理天下，也不能治理国家，只能加剧社会矛盾和民众的痛苦。老子认为，这是从历史教训中总结出来的。

"天下多忌讳，而民弥贫"。"忌讳"指各种禁令、条例、说教，这些东西都是用来约束民众行为的，不允许做这，不允许做那。百姓应该做的不能做，找不到生路，所以越来越贫困。还有苛捐杂税，比一般的禁令还坏，把民众辛勤得来的活命果实掠去大半，也等于置民众于死地。这在专制主义社会是常见的现象。

"人多利器，邦家滋昏"。"利器"可有广狭两种含义，狭义是指民间私带的武器，广义是指各种权谋手段。由于吏治不清，管理不善，社会不良分子增多，各展其歪智邪能，用公开的或隐蔽的手段进行危害社会的非法活动，以谋取私利，满足贪欲。如为官者假公济私、贪污受贿，为商者诈骗做假、操纵市场，为盗者拦路抢劫、图财害命，为法者自践其法、监守自盗，为兵者兵匪结合、烧掠奸杀，为文者媚俗取禄、欺世盗名，如此等等，各类人都尽其聪明，想方设法损人利己，以至于无所不用其极，到这个时候，国家就要昏乱，人民就要遭殃。

"人多伎巧，奇物滋起"。"伎巧"指工艺技巧，"奇物"指新奇物品，老子认为工艺技巧危害社会，所以表示反对。从我们今天的观点看，工艺技巧表现人类的智慧，推动文明的发展，可以改善人们的劳动生活条件，提高人们的审美情趣，是不应该反对的。但是我们也不能简单地说老子全错了，我们对老子的提法要作一番具体分析。首先，老子不赞成太多的人为，主张回归自然，从这个角度看，技巧奇物的增多，如果消解了自然的成分，是有消极作用的。例如汽车的普及，方便了交通，却增加了空气的污染与噪音，所以有些发达国家主张控制汽车的生产与使用，有些现代城市限制汽车上路。再如高楼大厦、豪华住宅，太多的人工装修，使人与自然隔绝，并不值得提倡，将来的生态文明，城市应是花园城市，住宅应是绿色住宅。其次，在老子的时代，技巧奇物都是为贵族服务的，而对于基本的农业生产有妨碍作用，何况由于追逐珍宝奇物，盗贼起而作案，影响社会秩序。所以我们不要以文害意，要从深层次上吸收老子的智慧。

"法令滋彰，盗贼多有"。老子这句话非常深刻，它提出一个重要的问题：为什么严刑苛法不能铲除盗贼，反而是道高一尺魔高一丈？眼前的例子：美国的法制够严密了，警察的装备够先进的了，然而贩毒集团的活动日益猖獗，装备亦日益先进。用法律刑罚对付犯罪固然是必要的，也确能收到一定效果，但不是根治的办法。犯罪活动的全面治理，至少要做这样一些事情：发展社会生产，改革不合理制度，使人们普遍富裕起来；发展教育，提高全社会的文化素质；提倡健康的信仰，普及社会道德，形成良好精神生活秩序和风气；清整吏治，提高社会管理水平；健全民主与法制，使法律能做到惩治坏人，保护好人。孔子的理想是："听讼吾犹人也，必也使无讼乎"，老子的理想是："其政闷闷，其民淳淳"，孔老都主张从根本上普遍淳化人性，使人们无犯罪之心。当然这是一个长远的目标。在眼前，至少要道德、法律两手一起抓，互相配合，才能有效减少犯罪现象；而且要内外一起抓，先无内盗而后才能无外盗。

"故圣人云：我无为，而民自化；我好静，而民自正；我无事，而民自富；我无欲，而民自朴。"这是老子的治国论，我们可以称之为无为政治。老子并非反对参与社会政治，但主张无为而治。无为而治不是毫无作为，而是顺应自然而为，其含义至少有两点：其一是统治者影响民众的方式主要不是靠行政法令，而是靠以身作则，树立一个道德的表率，民众自然会仿效；其二是统治者不是包办代替，而是依靠全社会的力量来治理社会，让各阶层各群体各种人都各得其所、各顺其性、各敬其业、各尽其能，社会自然得到治理，所以老子的政治论具有民主的成分。

五十七章

# 五十八章

其政闷闷，其民淳淳；其政察察，其民缺缺。祸兮，福之所倚；福兮，祸之所伏。孰知其极？其无正。正复为奇，善复为妖。人之迷，其日固久。是以圣人方而不割，廉而不刿，直而不肆，光而不耀。

📖 新说
**福与祸**

我们平常说："有什么样的人民，就有什么样的政治"，其意是说，人民成熟的程度决定着政治体制的形态。同样，我们也可以反过来说，"有什么样的政治，就有什么样的人民"，其意是说，政治的好坏，影响民风的正邪。老子强调后者。他认为政治宽厚，民风便纯朴；政治苛察，民风便机诈。这里的关键是在上位者是否德高望重而被民众所拥戴。如果在上位者骄奢淫逸，面对民众则盘剥压制，民众不能不想方设法逃避或对抗这种压迫，压迫愈甚，对策越精，已经没有信任可言。这就是老子所说的"其政闷闷，其民淳淳；其政察察，其民缺缺"，老子所指责的是不良政治，而不是老百姓。

不过单纯宽厚的政治是否就绝对好呢？老子似乎不这样认为。如果宽到放任自流、散乱无度，也会出现乱象。所以为政要宽严结合，要有灵活性，也要有原则性。老子说："是以圣人方而不割，廉而不刿，直而不肆，光而不耀"，这是几组矛盾，对立面要互相制约。"方"和"廉"皆指原则性和严肃性。"不割"、"不刿"指调和性和宽厚性，不会伤及普通人。"直而不肆"是指公道直率而不放肆冷酷。"光而不耀"是指有威权而不逼迫人。孔子也讲为政要宽猛相济，与老子可以相通。古人总结出好的政治是三者的结合，即：天理、国法、人情，或者人们常说的合情合理。合理而不合情，则理会变得冷酷而甚于法；合情而不合理，则情会变得放肆无度而流于贪。所以好的政治应该是宽严适度，行中庸之道。

老子是先秦最伟大的辩证法思想家。本章提出的"祸兮，福之所倚；福兮，祸之所伏"，几乎是家喻户晓的辩证法名句。但是事实上仍有许多人不懂这个辩证法：一心求福，反而得祸；一心免祸，福却不至。这些人不会驾驭辩证法，不断受辩证法的嘲弄，这样的例子实在太多了。老子认为祸福互相转化是没有究竟的，也没有一定的准则。正确的变成邪恶的，善良的变成妖孽的，人们迷惑在其中为时已久了。就以二十世纪的国内外大事而论，足以证明老子的智慧是超前的。儒学在二十世纪初是官学，内在生命却逐渐衰减，辛亥革命和五四运动使儒学丧失了主位性，看来是祸，但是它离开了权力，清除了陈旧僵化的部分，接受了一番批判锤炼，为其新生创造了条件，于是才有二十世纪后期儒学的复苏，这就是福。第二次世界大战前期，德国与日本两个法西斯国家侵略扩张，不可一世，自谓得福；曾几何时，兵败于反法西斯战线，被占领被限制，皆曰招祸；战后两国走上和平发展的道路，不能再穷兵黩武，于是有经济奇迹的出现，是因祸得福；如果因此而重新出现民族自大狂，那么还会向相反方向转化。就中国而言，十年"文化大革命"把革命发展成为荒谬，把天真无邪的学生变成打砸抢的"勇敢"分子，这不就是"正复为奇，善复为妖"吗？十年浩劫是当代中国最大的灾祸，凡经历过的人都有痛切之感；但是这十年把"以阶级斗争为纲"路线的危害暴露无遗，中国人才下决心把它抛弃，于是才有改革开放，才有社会主义事业的新生，这也是因祸得福。

这并不是说，祸与福总是在互相转化，人则无能为力，不是的。老子只是说祸福互相包含，是否转化，要看人的智慧。有智慧的人，知道"福兮，祸之所伏"，便要惜福，不得意忘形，不断克服福所带来的负面影响，这样灾祸便可以防止。福之所以能转化为祸，没有神秘的原因，不是必然如此，而是因为人们在得福的时候，往往被喜悦冲昏头脑，盲目乐观，甚至胡作妄为，做出违背规律、损害他人的事情，这就不能不招致相应的报复。祸之所以能转化为福，也没有神秘原因，遭遇灾祸的人，因得到磨炼、吸取教训，会变得聪明起来，把坏事变成好事。所以人的努力既可以防止福转化为祸，又可以推动祸转化为福，关键是头脑要始终保持清醒。有些灾祸不是个人可以防止的，那就既来之则安之，创造条件让它向好的方面转化。张载有两句话是值得我们记取的："富贵福泽，将厚吾之生也；贫贱忧戚，庸玉汝于成也"，这是一种人生的大智慧。

治人事天，莫若啬。夫唯啬，是谓早服；
早服谓之重积德；重积德则无不克；无不克则
莫知其极；莫知其极，可以有国；有国之母，
可以长久。是谓深根固柢，长生久视之道。

📖 新说
**莫若啬**

老子提出"啬"的原则，体现
了道家在养生和做事上的收敛精
神。我们平常说某人"吝啬"，是
指在人事来往上小气抠门儿，惜财
如命。这里的"啬"则是正面的意

义，即要培植生命的深度和厚度，不浪费生命精力，使生命根基牢固，长存不衰。人的生理生命之强弱不在表面上是否人高马大，而是看他精气是否充盈，内在机制是否健全。人的精神生命之强弱不在表面上是否声势显赫，而是看他文化积累是否深厚。生命浅薄者，如民俗所形容的那样："墙上芦苇，头重脚轻根底浅；山间竹笋，嘴尖皮厚腹中空。"要使人的生命厚重，就必须实行"啬"的原则。从正面说，要培植和积蓄生命的能量，丰富生命的内涵；从反面说，要爱惜精力和身体，不随便浪费和糟蹋，不做无意义或不适于自己的事情，更不能去做损人利己的事情，否则便是糟蹋自己的生命。举日常的例子，有些人饮食无度、酗酒嗜烟，把好端端的身体给弄坏了，这就违背了"啬"的养生原则。还有些人，身体本来不好，但后来注意保养，反而实现了健康长寿。有些人不注意学习和积累，却善于卖弄，玩花架子，追求虚名虚誉，把个真实生命给虚掉了，这也违背了"啬"的养生原则。真正懂得"啬"的人，把生命炼养得厚实耐久，使生活充实丰富，生命的价值由此得到充分展现。

"啬"并不意味着不做事、不付出。老子提倡"无为而无不为"，无为的目的是为了更好地有为。"啬"的目的是"无不克"，即事事都能胜任，因为他的积累深厚，做起事来便游刃有余。常言说"厚积而薄发"，这是生活的真理。有高中的水平才能教小学，有大学的水平才能教中学，这是人人都懂得的道理。水平有了，还要不断地学习，不停地充电，才能保持水平，求得进步。

从治国方面说，"啬"的实行，一要"早服"，二是"重积德"。"早服"即早做准备。凡事预则立，不预则败。治国要有战略眼光，把基础打好，不能急功近利。例如经济建设中的基础建设，教育工作中的人才培养，人与自然关系中的环境保护与治理，政治改革中的体制建设，这些都是"早服"之事，须作长远打算，不能被短期行为所损害。"重积德"便是要多积累德政，为人民多办好事，少做或不做坏事，惩治贪官污吏，切实提高人民的生活，使百姓能够安居乐业。这些做到了，国家的基础便稳固了，内外敌对势力和破坏分子便不能动摇它，这就是"有国之母，可以长久"。所以本章所说的"深根固柢，长生久视之道"，不仅仅指个人通过炼养，可以长寿，同时也是指国家通过建设，可以长治久安。

# 六十章

治大国，若烹小鲜。以道莅天下，其鬼不神；非其鬼不神，其神不伤人；非其神不伤人，圣人亦不伤人。夫两不相伤，故德交归焉。

📖 **新说**
## 若烹小鲜

"治大国，若烹小鲜"已成为流行于政界的名句，据说美国前总统里根在一次国情咨文中就引用了这句话，可见它已流传于世界政要之中。老子观察过烹调之事，知道烹小鱼的时候，不宜随便翻挠，否则便会破碎。大国之君往往认为国大事多，君王日理万机犹且不能应付世事，所以要多多做事，不得闲暇，自以为是有为之君。老子不这样看，他认为天下是人民的，政事要人们分工去做，君王如能发挥众智众力，使人们各守其职，各尽其能，则国家一定能治理好；反之，人不能尽其才性，君王事必躬亲，政繁而法苛，那么国家一定治理不好，因此要无为而无不为。道家的治国论是无为而治，其含义有二：一是君无为而臣有为，设立相关机构处理相关事宜，君王不得专断；二是要与民休息，不要去扰乱、盘剥、侵害普通百姓。有人会说，古代小国寡民的社会，也许"无为而治"还能行得通；现代大国，国事繁杂，有为而治尚且治不过来，何况无为而治呢？我的回答是：正由于有为而治治不过来，才要无为而治。事实证明，越是现代发达国家，政府的功能越是相对缩小，而社会系统的功能越是扩大，叫作"小政府，大社会"。我们过去有个传统观念，认为政治可以包办一切，可以支配一切，叫作"政治挂帅"。政治权力过大，社会生活政治化，其弊端在"文化大革命"中暴露无遗。政治改革的目标之一，便是逐步限制政治权力，逐步扩大社会系统的功能，形成发达

六十章

的社会生活运作网络，形成无所不到的社会服务体系，这才能真正满足社会各类人群的实际需要，单靠几个政治家的智慧是无济于事的。

有道之世，以道治国，国家自然清明安宁，其时鬼神之道虽有，但不会弥漫，不会损伤到社会生活。挟神道以惑众，借圣人以欺世，必行之于乱世。老子并不彻底否定鬼神之道，但他认为社会治乱的关键并不在此，而在于有道还是无道，鬼神之道只是一个次要的因素。至于圣人，本来是得道之人，生而不有，为而不恃，长而不宰，不会给百姓造成压力和伤害。但是欺世盗名者，以圣人的名义行其私，往往使圣人之道变成人们的桎梏，走向自身的反面。故庄子发出"圣人不死，大盗不止"（《庄子·胠箧》）的感叹，盖所谓圣人是伪圣人，其实乃是大盗，不仅盗天下，还要盗真理，名与实决然相反，"为之仁义以矫之，则并与仁义而窃之"（同上）。真正的圣人，既不揠苗助长，更不倒行逆施，他只是"辅万物之自然而不敢为"。得道之世，鬼神之道与圣人之道在大道的统率下，都能起到良好的促进社会健康发展的作用，故说"德交归焉"。

大邦者下流。天下之牝，天下之交也。牝
常以静胜牡，以静为下。故大邦以下小邦，则
取小邦；小邦以下大邦，则取于大邦。故或下
以取，或下而取。大邦不过欲兼畜人，小邦
不过欲入事人。夫两者各得其所欲，大者宜
为下。

📖 **新说**

## 大者宜下

"邦"字通行本作"国"字，
据帛书本校改。

这一章老子提出处理国际关系

中大国与小国相互关系的准则，非常重要，有很大的现实意义。老子指出，大国处在天下交汇的位置上，它应该以怀柔的静德来感召天下，如此，天下就会信服它。大国的心态无非是想当小国的保护者，想让全世界都向往它、赞美它。小国的心态无非是想找个可靠的、有实力的大国作为保护伞，依靠大国的帮助实现国家的安宁与发展。这种大小国家心态上的差异是由国家实力决定的，本不足奇，亦不需要去改变它。问题在于如何做才能使大国与小国各得所欲，因而相安无事。老子认为小国固然需要以谦下的态度对待大国，大国更应该以谦下的态度对待小国，"大者宜为下"是问题的关键所在，大国的态度是决定性的。大国以谦下的态度对待小国，由于实力的悬殊，不会造成大国受小国欺凌的后果，恰恰会赢得小国由衷的感谢和爱戴。如果大国自恃其强，以粗暴傲慢的态度对待小国，甚至以武力相威胁相制裁，虽然也可以得逞于一时，小国慑于其强权，表面上也不敢反抗，但小国在内心里是不服气的，忍受不住的时候，便会起而抗争，大国终究也不得安宁。

老子对大国与小国心态的提示，不仅极为透彻，而且也适用于今天。当今之世，冷战之后，美国成为唯一超级大国，其国力是强大的。但是美国在处理国际事务中却缺乏大国的风度，强人从己，常常炫耀和使用武力，对小国进行粗暴干涉和侵略，并企图以此建立自己在世界上的霸权。但是这种强权政治在当代世界上又总是行不通。例如美国发动伊拉克战争，没有达到目的，却促使它走向衰弱。一个小小的古巴就在美国大门口，被制裁了五十年仍然没有被压服，使美国陷于窘境之中。美国给人的印象，是实力上的巨人，同时又是文化上的矮子，好像一个旧社会上海滩的龙头老大，到处横行霸道，没有文化修养。真可惜美国的政治家不熟悉老子，不懂得"两者各得所欲，大者宜为下"的深刻真理，放着"以德服人则天下归顺"的好事不做，偏要做国际无赖、流氓大亨，使天下的人笑话它，唾骂它。

世界如要宁安，大国必须向老子和孔子学习，学习"大者宜为下"与"和而不同"的道理，否则这个世界会被大国引向战争的深渊。中国幸庆有老子和孔子，有着仁爱通和的民族精神。中国将来十分强大了，也不会去当蛮横无理的霸主，它只会给世界带来和平与友谊，因为它是老子和孔子精神的传人。

## 六十二章

道者，万物之奥，善人之宝，不善人之所保。美言可以市尊，美行可以加人。人之不善，何弃之有？故立天子，置三公，虽有拱璧，以先驷马，不如坐进此道。古之所以贵此道者何？不曰：求以得，有罪以免邪？故为天下贵。

📖 新说

### 道为
### 天下贵

"道者，万物之奥"是哲学本体论的提法。老子论道，有宇宙发生论的提法，如"道生一，一生二，二生三，三生万物"；也有宇宙本体论的提法，如"道常无为而无不为"。前者是历时的，后者是共时的。"道者，万物之奥"的意思是说道为万物之宗主，帛书本中"奥"作"注"，即"主"字。在老子看来，万物依于道则生命健全，离开道则生命衰亡，所以是不可须臾脱离的。善人尊道而贵德，当然以道为宝；不善人一时不能珍惜大道，故有不善之弊，但是不善人若要存活下去并且有所改进，也要依重于道尔后才有可能。

道不弃人，人自弃道。社会上总有不善之人，社会的主体系统不能将这些人弃置不管，而应该用大道去教诲他们，使他们重新回到正道上来。至于是否所有不善之人都能改悔，这是无法保证的；但作为有道之善人，应当尽最大的努力去帮助不善之人，体现大道博大能容的精神，不善者只要愿意近道，有道者任何时候都会表示欢迎，大道的门是永远敞开的。

一个朝廷往往注重进见者所带的礼品是否贵重，如进拱璧、驷马之类，则认为进见者尊重自己，喜不自胜。老子认为最大的献礼不是这些，而是大道，因为大道可以爱民治国，"侯王得一（即得道）以为天下正"，世上难道还有比大道更为贵重的礼物吗？没有了。对于

六十二章

善人来说，有了大道便可以成全自我，进而成全社会；对于不善人来说，有了大道便可以免罪改过，重新做人。因此天下最为珍贵的莫过于大道了。六十二章可以说是一篇大道颂。

为无为，事无事，味无味。大小多少。报
怨以德。图难于其易，为大于其细。天下难
事，必作于易；天下大事，必作于细。是以圣
人终不为大，故能成其大。夫轻诺必寡信，多
易必多难。是以圣人犹难之，故终无难矣。

📖 新说

## 难与易

"为无为，事无事，味无味"，
这是得道者的思想境界，与一般人
明显不同。"为无为"就是以无为
的方式去作为，其要在于顺其自

然，无为便可以无不为。"事无事"就是以无事的态度去做事，其要在于不刻意追求一种目的，即应物而无累于物，便可以保持自身的独立与自由。"味无味"就是从没有滋味中品味出滋味，便会有最大的享受乐趣，因为他随事随物都可以品味享受，并不受某种具体滋味的局限。我们可以看到两种人，一种人嗜好某物某事，当其得也，快乐无比，当其失也，忧伤郁闷；另一种人是修道者，他在生活中随时都能品察出乐趣，并不受外在条件的影响，逍遥而自在，这才是真正幸福的人。

"大小多少"一句费解。可以有两层含义：一是以大为小，以多为少；二是大生于小，多起于少。总之，这是老子的辩证法观点，把大与小、多与少看作是对立统一的，互相包含，互相转化。

"报怨以德"，老子的这一主张，已经超越了一般哲学家、思想家的境界，具有了宗教家的胸怀。基督教主张爱仇敌，你打我左脸，我再把右脸伸给你。佛教宣扬以身饲虎，对有罪的人不仅要宽容，还要倍加爱护。宗教家的报怨以德，都是要用宗教式的慈悲和牺牲，去感动不善之人，使之弃恶从善。宗教家的这种行为，行人所不能，忍人所不堪，是难能可贵的，其结果有的成功，有的失败，无论如何，只有极少数人才能做得到。而且宗教也并非不分善恶而一律善待。基督教对魔鬼是不宽容的。佛教认为丧尽天良、作恶多端的人要下十八层地狱，也是要受到惩罚的。比较平实可行的主张是孔子提出来的"以直报怨，以德报德"，它既不同于"以牙还牙，以血还血"的报复式的理念，也不同于"以德报怨"的宽容到底的理念，持其中道，容易为多数人所实行。

"图难于其易，为大于其细。天下难事，必作于易；天下大事，必作于细。"这是社会行为学一条基本原则，与质量互变规律是一致的。任何伟大的事业都要从眼前做起，从小事做起，不能好高骛远，企图一口吃成胖子。我们平常说的"寓伟大于平凡"也是这个道理。凡是拒绝平凡、不愿踏实做事的人，我们只能说他志大才疏，绝不会有大的成就。"是以圣人终不为大，故能成其大"，圣人之伟大，并非他刻意追求的结果，而是长期积累、自然发展的结果，并且圣人并不想当圣人，他以一颗平常心做他认为该做的事，他从来没有想过要盖世无双，要流芳百世。正是由于他无私无弊，一心为公，好做实事，不尚浮华，才成就了他伟大的人格。老子和孔子生前都是寂寞孤独的人，孔子说"人不知而不愠"，老子说"知我者希"，他们都是本着自家的良知和智慧，去言说，去做事，有实事求是之意，无哗众取宠之心，他们做梦也没有想到，两千多年后的中国乃至世界，很多人仍在纪念他们，尊他们为圣哲，向他们学习，这是不能也不应该预设的。

"夫轻诺必寡信，多易必多难。是以圣人犹难之，故终无难矣。"古人极重信诺，有"一诺千金"之说，答应了就要去做，而任何事情真正做起来、做得好就不那么简单了。古道心肠的人总是言行一致的，所以不轻易承揽某事，包括对朋友的承诺和对社会的承诺。凡是轻诺者，都没有经过深思熟虑，不过口头上说一说，应付一下眼前的需要而已，所以往往不算数。世上的任何事情，认真做到底都需要克服许多困难，消耗许多精力和时间；凡是把事情看得太容易的人，他将会遇到许多困难而又没有思想准备，便是难上加难。得道者把一切事情和一切过程都看得困难，他将会认真地全力以赴地去解决困难，这样，困难会变得比较容易解决，这是难与易的辩证法。在这里必须禁绝说大话，说假话，不要当语言上的巨人和行动上的矮子。

其安易持，其未兆易谋，其脆易泮，其微易散。为之于未有，治之于未乱。合抱之木，生于毫末；九层之台，起于累土；千里之行，始于足下。为者败之，执者失之；是以圣人无为故无败，无执故无失。民之从事，常于几成而败之；慎终如始，则无败事。是以圣人欲不欲，不贵难得之货；学不学，复众人之所过。以辅万物之自然，而不敢为。

## 新说

### 辅自然

头六句话都是说社会问题要有预见性，要把问题化解于萌芽之中，要主动去发现矛盾，及时去解决矛盾，等到问题成堆、事情闹大，再去处理就麻烦了。譬如社会的稳定，其关键是百姓能否安居乐业，多数人如果能安其居，并且有正当职业，生活有基本保障，社会就乱不起来。因此及时正确地解决失业问题和住宅问题，就成为关乎社会稳定的大事。再譬如惩治腐败的问题，越早下手越好，既准且严，使贪官污吏成为过街老鼠，人人喊打，保持吏治清廉之风主导官场。如果贪污受贿蔓延上下，越来越多的管理人员牵连其中，越来越多的部门串通一气，上行下效，左行右助，贪污腐化渐成风气，甚至执法者中也多有违法者，事情到了这般地步，再去治理就难上加难了。从人的身体保护来说亦是如此，小病早治是必要的，无病早防更为重要，假如有病拖延，乃至病入膏肓再去就医，为时晚矣。懂得上述道理的人不少，能够在行为上实行这个道理的人不多，原因之一是人的智慧往往被一时表面现象所遮掩，发不出光彩，一种倾向掩盖着另一种倾向。并且光有智慧没有仁德与勇气也不能去面对问题和解决问题，眼睁睁地看着时机在流失，危机在发展，这是无可如何的事。所以要想"为之于未有，治之于未乱"，不仅要有智慧，还需要一定的社会条件和掌权者的群体素质。

"合抱之木，生于毫末；九层之台，起于累土；千里之行，始于足下"，"民之从事，常于几成而败之，慎终如始，则无败事"，这些话真正是至理名言。它包含着两层意思：一是事业要从点滴做起；二是事业要坚持不懈做下去，直到成功。事情往往是开头难，事情也往往是始终如一难。中国人有五分钟的热血、虎头蛇尾的毛病，不克服这个毛病，事业照样不能成功。俗话说，行百里者半九十，就是说的坚持到最后的重要性。荀子说："骐骥一跃，不能十步；驽马十驾，功在不舍。锲而舍之，朽木不折；锲而不舍，金石可镂。"这是生活的真理。在日常生活中，我们常常看到有的人聪明过人，但不勤奋努力，只靠耍聪明过日子，久而久之，江郎才尽，终于一无所成，这是聪明反被聪明误。有的人天资不高，但有恒心有志气，笨鸟先飞，埋头苦干，奋发图强，结果是脱颖而出，做出优异的成绩。

"辅万物之自然，而不敢为"，这是老子提出的道家式的生态哲学的口号，它与儒家提出的"赞天地之化育"的口号，有异曲同工之妙。"不敢为"即是无为，但老子所谓无为并非一无所为，一个"辅"字点出了无为的奥秘，即不是不为，而是要辅助事物的发展规律，因势利导地去做事，决不能倒行逆施，也不能揠苗助长。对于自然界而言，人力的作用只是辅助性的，人不能改天换地，人只能补天修地。"人定胜天"和"征服自然"的口号只是人类的狂妄无知，有时候起一点鼓动作用，但绝对是不科学的。"赞天地之化育"中的"赞"字，即"助"义，也是辅助的意思，帮助天地万物健康活泼地生长发育。女娲氏炼五色石以补苍天的神话传说，把人的作用定位在补天上面是再恰当也不过了，它说明中国人自先民以来就知道人在自然界中的位置。同时中国人并不小看人的作用，认为人为万物之灵，但是人的伟大作用不在凌驾于自然界之上，而是要"为天地立心"（张载语），自觉充当自然界的头脑，替自然界的发育流行着想，让自然环境变得更加美好，而不是去破坏环境。当然，老子所说的"辅万物之自然"中的自然，不仅仅指自然界，还包括一切事物的本性及其发展趋势，人都应当顺应辅助之而不违逆。

　　古之善为道者，非以明民，将以愚之。民之难治，以其智多。故以智治国，国之贼；不以智治国，国之福。知此两者亦稽式。常知稽式，是谓玄德。玄德深矣，远矣，与物反矣。然后乃至大顺。

📖 **新说**

**以愚治国**

　　学界以往有人认为老子此章宣扬愚民政策，其实是一种误解。愚民政策的特点是要己智而民愚，这样便于统治。但是老子是希望己愚民也愚，这就与愚民政策不同了。二十章中说："我愚人之心也哉！俗人昭昭，我独昏昏；俗人察察，我独闷闷；众人皆有以，而我独顽且鄙。我独异于人，而贵食母。"可见愚人之心不仅不是贬义的，而且是得道者之气象，可以说是大聪明小糊涂。不像世俗之人，争名于朝，争利于市，成为金钱、权力、名位的奴仆而不自知，反而把超脱于名利之上的得道者看成傻瓜。老子说别人说我是傻瓜我就是好了，不过我保守住大道，他们自弃于大道而已，有什么法子呢？

联系到今天，有两种治国之道。一种是智育第一，科技挂帅，金钱引导。一方面固然出现许多创造发明，但另一方面却出现大量虚假冒滥现象，商品伪劣、言论伪劣，乃至主义伪劣、法律伪劣，社会越治越乱。这就是"以智治国，国之贼"。另一种是为政以德，崇尚纯朴，反对异化，主张回归，让科技、金钱等为人服务，让法律配合道德教化，这样才是治理社会的根本途径，这就是"不以智治国，国之福"。懂得这两种治国论的差别而能够去彼取此者，乃是一种深刻的涵养，此即玄德。表面上看起来以愚治国违背流行的观念，与普通人的主张正相反，实际上它最合乎大道，是一种根本性的治理方法。人类社会早晚要回到以愚治国的道路上，才有出路。人性一日不回归真朴，社会各种危机便一日得不到彻底解决。

# 六十六章

江海所以能为百谷王者，以其善下之，故能为百谷王。是以圣人欲上民，必以言下之；欲先民，必以身后之。是以圣人处上而民不重，处前而民不害，是以天下乐推而不厌。以其不争，故天下莫能与之争。

📖 **新说**

**上与下**

百川千壑，流归大海，大海之所以能容纳众川者，以其处于下游。同样的道理，圣人欲居于民众之上而管理之，必须言辞恭谦；圣人欲居于民众之前而领导之，必须把个人切身利益放在后面。这样的圣人居于高位而民众不感到有负担，处在领导地位而民众不会受到损害，因此天下的人乐意拥戴他而不厌弃。这样的圣人并不去争权夺利，但天下的人没有人能够与他竞争的。

伟大的领袖不能自封，不能强制人们推尊自己，所以凡是搞个人迷信的人，其结果不能真得民心，并不是民众真的迷信他，不过是自己迷信自己而已。许多大人物不懂得上与下、先与后的辩证法，把自己凌驾于民众之上，作威作福，洋洋自得，老百姓惧于其权势，表面上不敢顶撞，背地里却在怨恨骂街，没有一点敬重的意思，这样的大人物生活在周围的阿谀和小人制造的幻象里，为虚荣心所陶醉，看起来权威得很，实际上说话没人听，做事没人跟，真是可怜得很。

老子提出的不争之德，最终要达到"天下莫能与之争"的目的，所以其不争乃是大争。所不争者，名利威权一类的东西；其大争乃是信誉、声望、民心等，它们不是人力争来的，是靠为民众谋福利自然得来的。

如果我们创造性地发挥老子的思想，那么日常生活里的事情可以分成两类，一类是不需争、不应争的事情，譬如权力、钱财、小是小非等；一类是必须争、应该争的事情，如国家民族的尊严、利益，法律与道德的基本原则，崇高的理想与人格的尊严等。许多人是该争的不争，不该争的偏要去争，颠倒了本末，把智慧浪费在小事情上，这样的人是不足以效法的。

天下皆谓我大，似不肖。夫唯大，故似不肖。若肖，久矣其细也夫。我有三宝，持而保之。一曰慈，二曰俭，三曰不敢为天下先。夫慈，故能勇；俭，故能广；不敢为天下先，故能成器长。今舍慈且勇，舍俭且广，舍后且先，死矣。夫慈，以战则胜，以守则固。天将救之，以慈卫之。

📖 新说

**我有三宝**

老子提出的三宝：慈、俭、不敢为天下先，都是女性智慧德性的升华。慈，起于母亲爱护子女，推而广之，则应慈爱天下。道家的慈，儒家的仁，佛家的悲，都是指人类的同情心，崇高的人道主义精神，人类能够和平共处而不互相厮杀以至同归于尽，就必须发扬这种爱心。俭，与啬同义，起于妇女操持家务，俭朴自足，量入为出。推而广之，养生要积精累气，内敛厚藏。再推而广之，治国以质朴为宗，不尚奢华，开源节流，爱护资源。不敢为天下先，即是贵柔守雌，甘居人后，亦与母德相关。默默地奉献，工作在先，荣誉在后，既不类俗君，亦不类俗人。

"慈，故能勇"，与孟子所说"仁者无敌"是一致的。爱的力量是伟大的，为了爱可以不避险阻，不畏强暴，为了爱可以奉献自己，抛弃一切。有大慈悲，才能有大勇力。

"俭，故能广"，节约自身而后能广为施予。自奉甚厚、奢靡无度者，财富永远不足，不免巧取豪夺，不仅不能施予，还要损人利己。生活俭朴而有慈悲之心的人，他能用最大的力量去帮助别人，把财富用在利国利民的事业上。

"不敢为天下先，故能成器长"，做事在先，而索取在后的人，必然会得到人们的拥护，成为一个好的领导者。这与今天"为人民服务"的宗旨是相通的。现代社会提倡"公仆"观点，为官者是国家的公务员，是人民的公仆，所以必须树立服务意识，而不能当官做老爷。但事实上有些人当官是为了捞权，捞权便可以捞钱，捞钱便可以享受，不仅不居人之后，而且处处要在人前，喜欢上主席台，上电视，喜欢前呼后拥，威风凛凛，到处乱指挥，到处显脸露形，犯了做官的大忌，这是老子瞧不起的。

如果舍慈取勇、舍俭取广、舍后取先，继续下去而不改，只有死路一条。这个"死"字不一定指生理生命的结束，而是指做人的失败，治国的危机，总之是没有出路的。

"三宝"精神是一种社会人文关怀精神，是大道的要素和体现。一个人如果持有三宝，他就接近了大道。

# 六十八章

善为士者不武，善战者不怒，善胜敌者不
与，善用人者为之下。是谓不争之德，是谓用
人之力，是谓配天，古之极也。

## 新说
### 不争之德

老子说，善于做军人的人，不
逞勇武；善于打仗的人，不会被激
怒；善于战胜敌人的人，不会与敌
人对斗；善于使用人才的人，会以
谦和的态度礼贤下士。这就叫作不
争之德，这就叫作运用众人的智慧

和力量。人道能与自然无为的天道相配合，这是自古以来人道的最高准则。

老子是位军事家，而且是位充满了智慧的极高水平的战略军事家。他指出动不动就逞一己之能、到处炫耀武力的人，不是好的军人；动不动就发怒、一触即跳的人，不是好的将帅；喜欢与对手在同一个水平上争斗的人，也不是好的将帅。优秀的军人和将帅要比对手高出一筹，不逞小勇，不闹情绪，不与之做低层次较量，要争取不战而屈人之兵，迫不得已则以奇用兵，出其不意、攻其不备，要靠足智多谋取胜。

老子提出的"不争之德"，其源来于大道，"天之道，利而不害"（八十一章），其妙在于"用人之力"，故能无为而无不为。本章最后一句，通行本是："是谓配天古之极"，不通，据帛书本校改。表面上看，不争之德与当代提倡的竞争意识相对立；深层来看，老子的不争之德乃是高水平的竞争方略，是用自然之道成全人事，从而达到没有对手的状态。这不仅是一种行为策略，而且是一种行为艺术，已经出神入化了，非得道者，不易学也。有心者对这段话务必细细体会，不可误读，把不争之德作消极理解，那样就违背了老子的原意。

# 六十九章

用兵有言：吾不敢为主，而为客；不敢进寸，而退尺。是谓行无行，攘无臂，执无兵，扔无敌。祸莫大于轻敌，轻敌几丧吾宝。故抗兵相若，哀者胜矣。

📖 新说

## 哀兵必胜

老子在军事史上最早提出"后发制人"的原则。这不是指战术上被动挨打，而是指战略上、政治上应当采取的基本态度。我们是爱好和平的，我们站在正义一边，因此我们永远不会去主动侵略别国，所以只能为客，而不能为主。我们不得已进行的正义战争只能是防御战和抵抗战。今天中国强大了，而国防军事的指导思想仍然是防御的，即"不敢为主，而为客"，因为我们既不想当亚洲霸主，更不想当世界霸主，国防的唯一目的是保家卫国，保护人民的安宁与和平建设。我们已经有了核武器，但是多次声明绝不首先使用核武器，也不对无核国家和地区使用核武器，因为我们的国防是防御性质的。这样的和平方针，可以化解纠纷和争端，把本来需要军事解决的周边冲突，通过和平的途径加以解决，如边界划定问题、香港问题、澳门问题等等。由于打不起来，所以才"行无行，攘无臂，执无兵，扔无敌"，即虽有军队而不用，比之军事解决要大大高出一筹。

但是老子也是位现实主义者，他知道战争是无情的，并不能完全避免，所以不能"轻敌"，要对战争有充分的思想准备，并且要把国防建设好，只有这样才可能争取到避免战争的前途。否则就要被动挨打，伤害百姓，丧失了"三宝"的价值。老子进而指出，一旦外来侵略者把战争加在我们的头上，我们也不要怕。我们要后发制人，使国内外的人们都看得清楚，我们是受害

六十九章

221

者，正义在我们一边，从而激发人民的爱国热情和抗敌决心。对方是非正义的、不得人心的，我方是正义的、万众一心的，这种人心的向背就决定了侵略的战争必败，爱国的战争必胜。所以老子说："故抗兵相若，哀者胜矣。"哀者，悲壮也。"哀兵必胜"成为一条定律，小国之所以往往胜利地阻止了大国的侵略，弱国之所以往往战胜了强国的侵略，都是利用了这一条定律的结果。爱国主义的情感和同仇敌忾的气势不能仅靠内部教育使之加强，往往靠敌人的侵略与残暴来激发，敌人越野蛮无道，受害者的爱国主义情绪便越高涨，这种反面教育是不可缺少的。中国在清末民初有四亿五千万人口，但被外人喻为"一盘散沙"，不能成为有觉悟有组织的族群，所以只好受屈于西方列强，任其宰割。辛亥革命以后中国人一步一步觉醒，一步一步在先进政党领导下组织起来，直至一九四九年取得真正的独立。这期间固然是由于先进人物的启蒙和带领，由于社会革命的推动，其中还有一个重要的因素便是日本帝国主义的大举侵略，把中国推向亡国的边缘，使得中国人在亡种灭族的危机前团结起来，如《国歌》所说："中华民族到了最危险的时候，每个人被迫着发出最后的吼声"，于是大家用血肉之躯筑成新的长城，取得了抗日战争的胜利。这证明，不仅"抗兵相若，哀者胜矣"，而且弱以抗强，哀者胜矣。

# 七十章

吾言甚易知，甚易行；天下莫能知，莫能
行。言有宗，事有君。夫唯无知，是以不我
知。知我者希，则我者贵。是以圣人被褐而
怀玉。

📖 **新说**
**圣贤寂寞**

老子认为他的学说本于自然，合于常理，了解起来并不困难，实行起来也比较容易。但是世人被私利与权势冲昏了头脑，没有人能了解和实行自然大道，多去做一些逆乎自然、反乎情理的事情，总之大都舍本逐末、舍远求近，被欲望牵着鼻子走，丧失了清醒的理性。

语言应有其宗旨，事情应有其根本，这便是大道，它往往存在于现象的背后，不是凭感觉所能把握的。所以一般人都不了解大道，也就不会了解得道的老子。在那个时代，懂得老子的人太少了，效法老子的人太珍贵了。因为老子内怀着宝玉般的智慧，外表却像穿了粗布衣服的普通人，不愿声张自己，而一般人总是以外表取人，有眼不识泰山。

自古以来，圣贤都是寂寞的，因为他们的思想有超前性，比同时代的普通意识要高出许多，难以为社会普遍理解和接受。但是他们又代表了社会的健康力量和发展方向，慢慢地会被越来越多的人理解和看重，得到应有的尊重和评价，他们的思想成为评判社会行为的理想标准，有引导、规范的作用，这就是孔子所说的"德不孤必有邻"和孟子所说的"得道者多助"。圣贤差不多都是生前寂寞而死后才逐渐热闹起来。所以一个追求真理的有志者，不会赶热闹，以廉价的迎合去博取同时代的人的掌声。他一定是既不保守，也不趋时，按照自己的目标和所能理解的道理去行事，"修辞立其诚"，我

七十章

行我素，而不在乎周围如何评价。假如耐不住寂寞，太看重名声，就容易受外界的牵制而把持不住自己，这样的教训实在太多了。

# 七十一章

知不知，尚矣；不知知，病也。圣人不
病，以其病病。夫唯病病，是以不病。

📖 **新说**

**自知自省**

老子认为一个人的知识总是有
限的，知道自己有所不知，是最
好的；不知道自己无知却偏以为
知，这才是真正的缺点。圣人没
有缺点，并不是他真的没有缺点，
而是他能重视自己的缺点，认真
地加以改正。正是由于他能不断反省和提高，缺点便不会损害他。

孔子说："知之为知之，不知为不知，是知也"，其说与老子相通。一个明智的人，必须既知道自己的长处，也很清楚自己的短处，这就叫作有自知之明。越是有知识的人，他的眼界开阔，见识广泛，知道天外有天，人外有人，那么他越会觉得自己所知甚少，不会妄自尊大。

是否有自我反省能力，是一种文化能否保持活力的重要条件。中国文化之所以延绵数千年而依然生动活泼，在于它的内部始终有一种很强的反省和批评机制。一方面是儒学对现实政治的批判，另一方面是道家对现行文化的批判。学统与政统之间互相制约，儒家与道家之间互相补充，使中国文化颇具活力。在儒家内部，荀学与孟学的对立，今文经与古文经的差异，理学与心学的辩难，都促使儒学推陈出新，避免僵化。到了清代末年，儒学成了专制政治的御用工具，其主流派丧失了自我反省能力，虽有康有为、谭嗣同等革新派欲改铸儒学，使之服务于社会改革事业，但是他们在政治上都失败了。中国人丧失了"儒学救国"的信心，转而到西方寻找救国的真理。可见文化的自我反省能力是多么重要。西方工业文明固然给现代人类带来许多弊病，但西方近现代文化有一个优点，便是自我反省能力极强。所谓生态危机、道德危机、信仰危机等等，都是由西方人首先提出来的。其有识之士，不仅能及时发现问题，而且大声疾呼，突出问题的严重性，经常发出"危机"的呼喊，以便引起人们的警觉，这一点值得我们学习。当代一些中国人喜欢自我表扬，不喜欢自我批评，对于已经付出巨大代价的历史教训，不敢全面正视，这说明缺乏文化自省能力，这是很危险的。孟子说"生于忧患而死于安乐"，忧患意识是中国文化一个好的传统，这个好传统决不能丢。

七十一章

# 七十二章

民不畏威，则大威至。无狎其所居，无厌
其所生。夫唯不厌，是以不厌。是以圣人自知
不自见；自爱不自贵。故去彼取此。

## 民威可畏

这一章是讲统治者与被统治者
的关系，极为透辟深刻，可以说
就是中国历史的写照。中国历史
上，民众是讲礼义的，不轻易犯上
作乱，但是到了王朝末日，压榨太
甚，毫无生路的时候，民众便会揭

竿而起，用暴动反抗专制压迫。"民不畏威，则大威至"这真是至理名言。民众在一般情况下是畏惧权威的，包括贵族、官吏和司法；但是压迫过甚，已经忍无可忍，民众便不再畏威，这时候大动荡大祸乱就要来临了。如果能在司法体制范围内解决民众的疾苦，民众就不会诉诸暴力。统治者不厌弃民众，民众也不会厌弃统治者。其实民众的要求并不高，"无狎其所居，无厌其所生"，不要压迫得人民不得安居，不要压榨人民的基本生活，要使人民的生存需要得到起码的满足，这并不是很难做到的。如果统治者奢侈浮华，铺张浪费，不惜民力，只顾享乐，那么必然要加重人民的负担，甚至使人民活不下去，逼着人民起来造反。林冲是逼上梁山的，历史上一切农民起义，都是统治者压迫剥削逼出来的。

孔子说"节用而爱人，使民以时"，老子说"是以圣人自知不自见，自爱不自贵"，两者之义是相通的。在上位的人既要自爱又要爱人，不要自奉太厚，而要关心人民疾苦，爱惜民力，使人民能够安居乐业。这是中国古代的民本思想。人民的力量是伟大的，"水可载舟，亦可覆舟"，谁都不能忽视这种力量。

# 七十三章

勇于敢则杀，勇于不敢则活，此两者或利或害。天之所恶，孰知其故？是以圣人犹难之。天之道，不争而善胜，不言而善应，不召而自来，繟然而善谋。天网恢恢，疏而不失。

## 📖 新说

### 天网恢恢

"勇于敢则杀，勇于不敢则活"两句，可以与四十二章"强梁者不得其死"，与七十六章"坚强者死之徒，柔弱者生之徒"联系起来考察。老子认为柔韧的东西最有生命力，而有刚无柔的东西容易灭亡，故得出"柔弱胜刚强"的结论。人的勇气是中性的东西，它可以用于正途，亦可用于邪途；如果一味用来逞强好胜，则是自取灭亡之道，如果用于柔顺内敛，就会强化生命活力而前途光明。这两种勇敢给人带来两种截然不同的结果，人们不可不警惕深思。

老子对天道进行了歌颂。大自然是那么广大而奥妙，不与人争，不与人言，不受人的感召，却能孕育出那么众多的生物，为人类准备了最适宜生存的环境，其造化之力，其创生之功，都是人类不可比拟的。

"天网恢恢，疏而不失"这句话已经成为家喻户晓的名言。其本义是指大自然无所不包，虽然没有主宰的力量，却能够做到"百物兴焉，四时行焉"，使万物各得其所。其引申义是指人间的犯罪行为，逃不过天地的惩罚，善有善报，恶有恶报，只是有早有晚而已。这与孔子所说的"获罪于天，无所祷也"是相通的。我们不相信鬼神，当然也就不相信鬼神能赏善罚恶。但是我们相信人们的行为必有其后果，这个后果要由他自己来负责。为非作歹的人会有相应的报应：一是法律会出来惩治，二是社会道德会给予谴责，三是受害者会起来报复，四是自己仅存的一点良知会在内心里激起不安，总之他们得到的不如失掉的多。严重犯罪的人，不论是否已经受到了法律的制裁，都过不上正常的幸福生活，从犯罪那天起，他的精神便在地狱里煎熬。在这个意义上，可以说是"天网恢恢，疏而不失"了。

民不畏死，奈何以死惧之？若使民常畏

死，而为奇者，吾得执而杀之，孰敢？常有司

杀者杀。夫代司杀者杀，是谓代大匠斲。夫代

大匠斲者，希有不伤其手矣。

📖 新说

**民不畏死**

这一章集中说明一个道理：杀

戮不能吓倒人民。如果一个政权暴

虐已极，逼得人民不得不起来武装

反抗，那么这个政权想用武力镇

压的办法来对付人民是无济于事

的。历代王朝的末年，腐败黑暗，农民起义风起云涌，统治者总是用军事征剿和严刑酷法来对付造反者，结果都没有成功。一个政权到了只剩下杀戮一招的时候，也就快完蛋了。在一般情况下，杀一儆百是起作用的，在社会制度行将崩溃的情况下，刑戮不仅维持不了局面，还会加速它的灭亡。历史上许多暴君总是迷信武力和强权，他们永远也不会懂得"得民心者得天下，失民心者失天下"的道理，所以一个一个都倒台了。林希逸说："使民果有畏死之心，则为奇邪者，吾执而刑之，则自此人皆不敢为矣。今奇邪者未尝不杀，而民之犯者日众，则民何尝畏死哉？"在人民尚有活路的时候，人民有畏死之心；当人民活不下去的时候，人民是不怕死的，因为与其坐以待毙，不如铤而走险，或许还会有一条生路。

老子反对君王代司杀者杀。这里有两层意思：一是君王不能擅自刑杀，犯法者须交司法部门依照国法处置，否则便是独断专行；二是天道有生有杀，人君法于天道，应无为而治，不应假天道以行杀伐，如奚侗所说："人君不能以道治天下，而以刑戮代天之威，犹拙工代大匠斲也"。

儒道两家都反对以严刑酷法治国，都反对用强力的手段镇压人民的反抗，而把批评的矛头指向专横的贵族统治者，这种精神是可贵的。

# 七十五章

民之饥，以其上食税之多，是以饥。民之难治，以其上之有为，是以难治。民之轻死，以其上求生之厚，是以轻死。夫唯无以生为者，是贤于贵生。

📖 新说

## 民生为本

这一章老子继续把批判的矛头指向贵族统治制度。他指出，民间的饥荒主要不是天灾造成的，而是统治者赋税太重造成的；民间的骚动是统治者胡作妄为造成的；民众的犯死作乱是统治者奉养过厚而民众不得温饱造成的，这就揭露了等级压迫制度的不合理，喊出了民众的心声。以往的统治者一遇到民间的动乱就镇压，并且指责老百姓是刁民，是贼寇，视犯上作乱为大逆不道，好像他们是天生的统治者，就应该坐天下享富贵。老子完全换了一个角度看问题，他认为民众是被压迫、被剥削的，他们并非天生的造反者，他们只有被统治者压榨到走投无路的时候才会起来造反，所以社会动荡的根子在上层，不在下层，这样的立场和眼光是令人敬佩的。

民生问题，始终是中国古代思想家关注的头等大事。孟子见梁惠王时说暴政杀人与刀剑杀人在本质上是没有区别的，他指出："庖有肥肉，厩有肥马，民有饥色，野有饿莩，此率兽而食人也。"（《孟子·梁惠王上》）这种揭露与老子所说的"民之饥，以其上食税之多，是以饥"同样尖锐深刻。孟子所宣扬的王道，其终极目标是高远的，但其入手处却十分切近，即首先解决民生问题，使普通百姓"仰足以事父母，俯足以畜妻子，乐岁终身饱，凶年免于死亡……养生丧死无憾，王道之始也。"（同上）统治者一方面关心民间疾苦，另一方面自奉俭朴，这样社会矛盾便不容易激化，社会容易趋向稳定。

# 七十六章

人之生也柔弱，其死也坚强。草木之生也柔脆，其死也枯槁。故坚强者死之徒，柔弱者生之徒。是以兵强则灭，木强则折。强大处下，柔弱处上。

## 📖 新说
### 柔性生命

在这一章里，老子继续发挥其核心思想：柔弱胜刚强。老子观察人的生命和动植物的生命，联系到人间许多事物，发现凡是生命力旺盛的事物都是柔软有韧性的，凡是即将或已经死亡的事物都是僵硬易折的。例如人体的柔性和弹性随着年龄增长而逐步减弱，人死之后变得僵硬。草木植物也是这样，当其生机盎然时，青翠欲滴，柔嫩亮丽，及其死后便成为枯枝败叶。所以表面坚强而内无柔性的事物，其生命力是走向衰亡的。这样，老子就把坚强与死亡联系起来，把柔弱与生命联系起来，这是有广泛事实作为根据的。推而广之，老子提出"兵强则灭，木强则折"的论断。为什么兵强则灭呢？一个国家的军事力量过于强大，它就要到处炫耀和使用武力，也就是到处树敌。假如它的统帅真的以为用武力可以征服世界，便会发动大规模侵略战争。但是失道寡助，侵略者一时可以得逞，最终不能不陷于正义人民反抗的汪洋大海之中，自取灭亡。第二次世界大战中的德国和日本法西斯侵略军的命运便是如此。为什么木强则折呢？因为刚强的高大的植物，其枝干容易受到外力的冲击而损伤，例如台风的袭击可以折断粗大的树木，却不能损伤柔软低矮的小草。这样的情形还有许多，例如舌头柔软而易存，牙齿坚硬而易损，故韩愈有诗云："自从齿牙缺，始慕舌为柔。"柔性强的人能较好地承受外来的打击，刚性强的人则易受外来的伤害。过去人们往往看到力量是生命的表现，却忽略了柔性更是生命的要素。一幢房屋是否质量高而能持久，不仅要看它看起来是否结实，还要看它在地震等外力冲击下是否能保持原状，这就要增加它的柔性和弹性。

现在有一个重要的社会问题，就是有些青少年承受力脆弱，稍有挫折和打击，便承当不住，不是离家出走，就是厌世自杀，白白浪费了青春生命。究其原因，与这一代青少年自小生活优裕有关，父母亲替他们承担了几乎所有的忧愁和困苦，因此孩子们得不到应有的锻炼，生命里的耐受性便不足。看来必须对青少年实行一种挫折教育，有意让他们吃些苦头，得到一些磨炼和锤打，增强生命的适应性和抗击性。我十分赞赏孙中山先生进行民主革命过程中表现出的百折不挠、愈挫愈奋的精神，这种精神也是我们中华民族的精神，是我们民族生命有强大韧性的表现，这是我们解放事业在艰难困苦中能够最终取得成功的精神保证。

天之道，其犹张弓与？高者抑之，下者举
之；有余者损之，不足者补之。天之道，损有
余而补不足。人之道则不然，损不足以奉有
余。孰能有余以奉天下？唯有道者。是以圣人
为而不恃，功成而不处，其不欲见贤。

📖 新说
**天道均和**

老子认为天之道如同张弓射箭
一样，弓弦举得比目标高了，便往
下压一压，举得低了，便往上抬一
抬，总是损有余以补不足。譬如一

年四季寒来暑往，太热了便会导来秋风，太冷了便会导来春风，太旱了总要下雨，太涝了总会晴天。自然界的事物相互依赖、相互转化，保持着总体的平衡、稳定状态。

但是人间的治道与天之道正相反，是损不足以奉有余，越有钱的人越有钱，越贫穷的人越贫穷，剥夺贫困者以奉富裕者，贫富差距越来越大。老子认为，这是违背天道的。人之道本来应当效法天之道，也是损有余以补不足，这样人间便会保持平衡与和谐。老子认为，只有得道者才能做到这一点，因为得道者懂得道法自然的道理，他没有私利，一心为公，只是为了成全天下人的美好生活，自己别无他求。

老子虽然没有提出解决人间"损不足以奉有余"的问题的有效办法，但是他却提出了人类社会发展中出现的差别与公平的重大问题，这是他在理论上的重要贡献。社会发展必然出现差别，没有差别就不会有活力，因为社会事业需要有竞争，而人的天生素质和后天条件各不相同，对社会的贡献有大有小，所以他们获取的社会财富也有多有少。以往的剥削制度的缺陷在于两点：一是竞争的规则不合理，有人不凭能力，单凭社会地位和政治权力便可以攫取巨大财富；二是富贫差距太过悬殊，富者田连阡陌，贫者无立锥之地，必然导致社会冲突。在社会主义制度下，财富的积累和分配也是有差别的，它主张公平竞争和按劳分配，让一部分人先富起来，然后带领大家，形成你追我赶的生动局面，同时要拿出一部分社会积累用于贫弱、残疾、灾难的救济。由此可知，平均主义和简单的均富贫是行不通的。我们过去有一段时期吃大锅饭，把人们养懒了，其结果是普遍贫困化，达不到解放生产力的目的。但是承认差别必须有限度，超过必要的限度就会加剧社会矛盾，尤其是建立在不合理、不公平的基础上的贫富悬殊，必然引起贫困者强烈不满，积累既久便会引起社会革命。所以人类社会就是在发展—差别与革命—公平的互动之中前进的。理想的状态应当是：有差别，但不过大，中产阶级为主体，损大富以补贫困，这样的社会既是合理的，又保持着发展的活力。这是个很值得研究的题目。

七十七章

# 七十八章

天下莫柔弱于水，而攻坚强者莫之能胜，以其无以易之。柔之胜刚，弱之胜强，天下莫不知，莫能行。是以圣人云：受国之垢，是谓社稷主；受国不祥，是为天下王。正言若反。

📖 新说

## 正言若反

这一章可以与第八章"上善若水"联系起来读。水最能代表大道的精神——柔弱胜刚强。水是天下最为柔弱的事物，无定形，无硬度，但是洪水一来，可以淹没城镇，冲毁堤坝，表现出巨大的能量，没有什么其他事物能够胜过它、取代它。滴水是微不足道的，但是长年累月，它可以穿透巨石，湿锈钢板。这些都是生活的事实。所以柔性的东西往往表现出比坚硬的东西更大的力量。老子感慨，"柔之胜刚，弱之胜强，天下莫不知，莫能行"，为什么呢？归根到底是由于一些人只顾眼前，不顾长远。柔弱胜刚强的真理必须经历一个过程才能最终表现出来；从暂时看，往往是刚强胜柔弱。所以社会生活中常常出现以强凌弱，以众暴寡的现象，蛮横无理而强力在手的人与国家，可以去欺压穷弱的人与国家，逞一时之快，许多人就图这个，至于后果是不计的。但是柔弱者正义在手，最终能够战胜强暴者，而害人者最终必以害己告终，正应了老子的预见。

"受国之垢，是谓社稷主；受国不祥，是为天下王。"这也是政治上的至理名言。历来真正受拥戴的国家民族的领袖，都是承担了国家的耻辱、民族的屈辱，承受了国家的灾祸，并为国家和民族雪耻解放而立下了大功的人。那些毫无贡献却自封为领袖的人，要么站立不住，要么得不到民众的真心拥戴，这是一定的。

"正言若反"，这一句话总结了《道德经》整个的

七十八章

247

思维方式和表述方式，它与老子所总结的"反者道之动"的大道运行方式相一致。具体说来，有这样几种情况：第一，用否定性的术语来表述肯定性的内涵，如："明道若昧，进道若退，夷道若纇，上德若谷，广德若不足"，"大方无隅，大器晚成，大音希声"，"大直若屈，大巧若拙，大辩若讷"，"知者不博，博者不知"等，这里用"若"、"大"、"不"等字，表示其否定性的表述不过是在更高层次上的肯定，认识进一步深化了。第二，用否定性的术语提醒人们防止好事变成坏事，如："甚爱必大费，多藏必厚亡"，"正复为奇，善复为妖"，"兵强则灭，木强则折"。第三，用否定性的术语提醒人们由反入正，如："圣人后其身而身先，外其身而身存"，"曲则全，枉则直，窪则盈，敝则新，少则得"，"夫唯不争，故天下莫能与之争"，"将欲歙之，必固张之；将欲弱之，必固强之；将欲废之，必固兴之；将欲取之，必固予之"。第四，用否定性的术语提醒人们要解决矛盾必须超出矛盾，如："不尚贤，使民不争"，"大道废，有仁义。智慧出，有大伪"，"绝圣弃智，民利百倍；绝仁弃义，民复孝慈；绝巧弃利，盗贼无有"；等等。老子发现了事物的内在矛盾，以及矛盾在事物发展运动中的作用，所以再三强调对立面互相包含和互相转化的辩证法，从而形成逆向思维和"正言若反"的话语特色，这正是老子思想的深刻之处，以及超出世俗见解的高明之处。

# 七十九章

和大怨，必有余怨，安可以为善？是以圣
人执左契，而不责于人。有德司契，无德司
彻。天道无亲，常与善人。

📖 **新说**

**天道佑善**

老子认为，调解大的怨仇，必
然留下一些怨恨的痕迹，这不是最
好的办法。最好的办法是怀有三
宝，与人为善，不结怨恨。圣人应
当像债权人执有借据的左半部分，
他虽然帮助了别人，但不求回报。

有德的人主管借据，对人宽厚施恩；无德的人掌管税收，一味横征暴敛。天道对于人并没有亲疏之分，却常常帮助善良的人们。

"天道无亲，常与善人"是中国古人一种重要的信念。古人认为善人的行动合于天道，故常能成功，如汤伐桀，武王伐纣，合于民心，顺乎潮流，好似天道相助，实则天道无亲无疏，没有感情意志，而是人的行为合于客观情势和规律，故得道多助。所以人的行为必须合乎时代的进步要求。

中国自古以来就有天神崇拜和君权天授的观念。周朝建立以后，鉴于殷朝覆灭的教训，对于天命进行了新的解释，认为"天命靡常"，并不是不可改变的。天命只保护和支持有德者，如果一姓之王暴虐无道，天命便会转移到他姓有德之君身上。所以君王要"以德配天"，要"敬德保民"。这样一来，"天命"的理念中增加了人文的成分。《尚书·蔡仲之命》提出"皇天无亲，唯德是辅"的理念，与《老子》的"天道无亲，常与善人"的内涵是一致的。"天命"的具体内容也由原先的无条件的最高权威意志，转变成合于社会多数意愿的权威意志。孟子引《尚书》的话说："天视自我民视，天听自我民听。"天并不直接说话，而是通过民众的态度来表现自己的意志，这样一来，天意实际上变成了民意，天命就被架空了。

由此可见，道家和儒家在对待天道的态度上有非常接近的地方，他们都是重人而轻神，并且都是用天道来论证人道，并用人道来体现天道的。

小国寡民，使有什伯之器而不用，使民重死而不远徙。虽有舟舆，无所乘之；虽有甲兵，无所陈之。使民复结绳而用之。甘其食，美其服，安其居，乐其俗。邻国相望，鸡犬之声相闻，民至老死，不相往来。

📖 新说
**安居乐俗**

"小国寡民"是老子的社会理想，它是基于母系氏族社会的原型而构想出来的农业村社式的理想社会。在这样的社会里没有复杂的器具，百姓稳定在土地上，与邻国互不来往，友好相处，所以车船没有用途，铠甲兵器不必使用，文字书契亦不流通，大家用结绳记事，过着最简朴最原始的生活。老子认为在这样的社会里，由于没有战争、欺诈和剥削压迫，百姓都能够丰衣足食，安居乐业，生活是美好的。

考古发现的母系氏族社会仰韶文化村落遗址，如半坡、姜寨，的确如老子所描述的那样，规模不大，没有文字，没有复杂的器具与社会关系，也还没有形成小家庭，因此也没有私有财产，人们过着原始公社的生活。这样的社会固然没有剥削和压迫，但是生产力水平低下，人们之间的平等也意味着平等地分担着贫困与饥饿，人们不会是幸福的。老子的小国寡民的理想，是把原始社会美化了。

不过老子的小国寡民的理想也不全然是消极的。首先，这个理想里寄托着他对社会平等与和谐的向往，表现出他对私有制社会存在的剥削压迫现象的批判。将来的理想社会尽管不可能是小国寡民，也不可能取消一切文明成果，但是应该没有战争，人们平等友好相处，"甘其食，美其服，安其居，乐其俗"，这些还是应该追求的。其次，将来的理想社会，除了大的社会系统以外，其基层社区组织则应该是小规模的，适于人们居住和生活的，形成一个一个生活群落，便于美化环境，使每个家庭都能获得相对充裕的生活空间。目前存在的人口密集、规模庞大的超级大城市，乃是工业文明的畸形产儿，无论如何改造，也不会是真正适合人类的理想生活环境。

我们还可以将老子"小国寡民"的理想与《礼运》篇的"大同"理想做一比较。其相同之处都是在原始公社原型基础上提出的社会理想，所以都没有战争、压迫和私有观念。但是两者又有不同。"大同"理想中"男有分，女有归"，这表示已经是一个父系氏族社会的理想，女子嫁到男子家里去。而老子的"小国寡民"理想是母系氏族文化基础上的产物。儒家的"大同"理想是父系氏族文化基础上的产物。《道德经》中多用"母子"，《论语》中多用"父子"，并非偶然，原来两者的文化源头是不同的。

# 八十一章

信言不美，美言不信。善者不辩，辩者不善。知者不博，博者不知。圣人不积，既以为人己愈有，既以与人己愈多。天之道，利而不害；圣人之道，为而不争。

📖 新说

## 圣人不积

头三句话表面上看，有点片面性，似乎把问题绝对化了，但其实是相当深刻的。"信言不美，美言不信"，真实之言不尚华美，华美之言很难真实，这是生活里的事实。所谓真实之言都是出于肺腑、准备实行并且具有可行性的，所以必然听起来实实在在，能够打动人。如果并不想实行，只是想应付听众，或者欺骗大家，说者必然只能在言语上做文章，装腔作势，空话连篇，无实事求是之意，有哗众取宠之心，听起来像是演员在表演，这样的言论便没有号召力，久而久之，听众都懒得去听了。"善者不辩，辩者不善"，善良的人只知道应该做的就去做，做得多，说得少，更不会去逞口辩之强；而终日滔滔不绝、热衷于辞令口才的人，往往并不善良，至少不具有善意。俗话说，在市场上叫卖最凶的人并没有好货色。

"知者不博，博者不知"，有智慧的人不炫耀知识，因此也不去乱看乱读，不甘于做一个书袋子，装了许多却不能消化。有些人博杂不精，什么事情都略知一二，但都不深不透，这样的人很难具有大智慧。老子认为"为道日损，为学日益"，如果想明了大道，必须用减的办法排除各种知识的干扰，用明觉清静之心去体验大道，否则为学越多就离道越远。

"圣人不积，既以为人己愈有，既以与人己愈多"，这是一种伟大高尚的人生价值论。得道者不自私自利，尽量去帮助别人，越多奉献，则自己精神上越多收获；尽量给予别人，越多给予，则自己精神上越加富有。那些自私自利甚至损人利己的人，看起来他自己似乎得到许多，事实是精神上所失甚多，内心更加空虚。在日常生活里这样的事例是很多的，为人者得众，与人者得友，过得充实愉快；为己者寡助，损人者招怨，过得孤独烦恼。所以贫富不能以钱财论，主要看精神生活是否富足，内心是否充实。

"天之道，利而不害；圣人之道，为而不争。"自然界生养万物、包容万物。人间的正道应该效法天道，互相施为而不是互相争夺。老子曾说过"人之道损不足以奉有余"，这里说"圣人之道，为而不争"。前者是就现实而言的，那个"人之道"乃是歪道、非正常之道。后者是就理想而言的，"圣人之道"是指正道和常道。这里用得着墨子的话："兼相爱则交相利"，反之则是兼相害则交相损。什么时候多数人认识到了这条真理，天下便太平了。

老子评说

老子是中国古代的智慧大师，他同作为道德大师的孔子一样，是中国传统文化的开拓者和创建者，是中国文化方向确立和体系化时期最著名的代表人物。他所创立的道家学派以其自然型的哲学与孔子创立的儒家学派的伦理型的哲学相对立，在对立中又互补互渗，成为影响中国文化两千多年的两个主要理论学派——儒家和道家，为其余诸子百家所不能比拟。按照牟宗三的说法，儒、道两家是"立教"之学，也就是给中国人建立信仰的哲学。在历史上，老子除了大学者的身份，还比孔子多了一重身份，那就是被道教徒加封为教主，从圣哲上升为神仙，从而使他的学说又在中国宗教发展史上产生巨大的作用。《老子》一书是一座取之不尽、用之不竭的智慧宝库，世世代代都有许多人回到那里去探玄寻道，求得灵性的开悟和智能的启迪。然而老子之学其高不可测度，其深不可究底，使人欲尽无期，欲罢不能，至今犹然。《老子》一书又流传到海外乃至欧美，日益引起人们的广泛兴趣，它与《论语》、《周易》一起，成为在世界上影响最大的三部中国古代文化典籍，有多种译本出现。不读《老子》不足以谈论中国文化和东方文化，已成为国际学界的共识。

老子其人难考，其书难读，非好学深思之士难以窥其涯涘。千百年来，注说无数，见仁见智，纷纭万端。更有不知其妙而视老学为谬说者，杂陈其中。《老子》说："上士闻道，勤而行之；中士闻道，若存若亡；下士闻道，大笑之，不笑不足以为道。"（四十一章）老子有预见性，懂得他的思想难为常人所解，难为常识所容，曲高和寡，势所必然。我们虽未必能做勤行的上士，至少要避免成为面对着瑰宝而冷笑的下士，而应以虚怀若谷的态度作同情的理解，涵泳其中，细细体味，然后出乎其外，以古注为参考，作冷静、客观的分析评说，方可成为一个有资格的老学的探索者和研究者。

# 主阴贵柔的生命哲学

老子的道德哲学精微高深，可以体认，难予表述，故"道可道，非恒道"。然而老子毕竟留下五千言，用恍惚之词、形象之喻，向读者展示了他的思想，说明言虽不能尽意，非言则无以表意，只是不要以词害意而已。本章作者受启于时贤的高论，依凭着自身的体认，尝试以现代语言表述老子的意念，着重突出两个观点：一曰老子哲学是阴柔之性的概括；二曰老子哲学是生命活力的颂歌。二者合在一起便可以称老子哲学为女性化的生命哲学。

中国古典哲学是阴阳化感的生命哲学。儒道两家皆视宇宙为一大生命，生生而不息，社会和人生则是宇宙大生命流程中的中生命和小生命。生命的推动靠阴阳的变化，所以说"一阴一阳之谓道"（《易·系辞》），"万物负阴而抱阳，冲气以为和"（《老子》四十二章），儒家的道和道家的道，就其形而上的意义来说都是阴阳之道。他们用阴阳的对立、交感、转化、消长来说明宇宙的起源，万物的发生变化，社会的兴衰，个体的生灭。这种阴阳生命学说的建立，起始于古代的三部占卜书，即《连山》、《归藏》和《周易》。《连山》据说是夏代之占书，以艮卦为首，详情难考。而《归藏》、《周易》大约形成于殷周之际，皆以乾、坤两卦为基础形成六十四卦系列。但两书有一个重要的不同，即《归藏》重坤，《周易》重乾。据金景芳考证，《礼运》述孔子的话："我欲观殷道，是故之宋，而不足徵也，吾得《坤乾》焉"，此即指《归藏》，以首坤次乾得名。而《周易》的排列次序是首乾次坤，老子受《归藏》影响深，孔子受《周易》影响深。（见《论老子思想》，《延边大学学报》1980年第3期）《归藏》和《周易》经文都无阴阳之专用术语而在乾坤对用中蕴含着阴阳之道，并且出现了一者重阴一者重阳的分化趋向。我以为老子的哲学确是继承了《归藏》的路线而发展了它的重阴的倾向，孔子和儒家则继承了《周易》的路线而发展它的重阳的倾向，从而形成老孔、道儒之间的阴阳对立和互补。老子和孔子都没有提炼出阴、阳的哲学概念，并大量使用它，但老孔的哲学在实际上分别具有阴和阳的性质。中国哲学始终离不开儒，也离不开道，其根本原因就在它们是一阴一阳，失其一就不成为阴阳之道。对此清代学者魏源早有所见，他说："老子与儒合乎？曰否。天地之道，一阴一阳，而圣人之道（指孔学），恒以扶阳抑阴为事。其学无欲则刚，是以乾道纯阳，刚健中正，而后足以纲维三才，主张皇极。老子主柔宾刚，而取牝取雌取母，取水之善下，其体用皆出于阴。"（《老子本义》）

## 一　女性生殖崇拜和母系氏族文化的理论升华

阴阳的实际含义，在自然界是天地，在社会人群是男女。老子哲学的阴性特点，主要表现为对女性的推崇。老子的"道"究竟是什么？

　　论者多用近代"物质"、"精神"、"本体"等概念解释"道"，忘记了老子生活在两千多年以前的古代，犯了求之过新反失其真的错误，结果是欲近之而益远。其实只要了解中国原始文化的发展及其向诸子文化的过渡，老子的哲学概念及其表述方式的古朴性就不难理解了。概括地说，孔子及儒家学说是父系氏族文化的理论升华，而老子及道家学说是母系氏族文化的理论升华，孔老之学的最早源头都在原始社会。哲学脱胎于宗教，老子哲学脱胎于母系氏族的宗教崇拜，特别是女性生殖崇拜，所谓的"道"，最初建立在对女性生殖力的认知上，然后将这种女性生殖作用扩而充之，用来观察整个宇宙的创生过程，于是形成了"道"的概念。《老子》书中常用女性生殖器或母体形容道，如"谷神不死，是谓玄牝，玄牝之门，是谓天地根。緜緜若存，用之不勤。"（六章）"玄牝"即女性生殖器，所谓"谷神"，用现代语言表述，即是女性生殖之神。"谷"，空谷，是女性生殖器的形象化代表物。人人都生于母亲，老子认为整个宇宙万物亦是从类似于玄牝之门中生出的，故玄牝之门成为天地的根源。宇宙的玄牝之门是生生不息、永无穷尽的，故"緜緜若存，用之不勤"。《老子》

首章说："道可道，非恒道，名可名，非恒名。无，名天地之始；有，名万物之母。"女性的生殖过程，母体是可见的，婴儿也是可见的，但生殖的力量不是某物，不可视听。宇宙的生殖过程，原初之母体不可见，因为它是非有，天地万物可见，而宇宙的创生能力亦不可视听，无确定形象可把握。这种宇宙的原初母体和创生能力便是"道"，它没有实体性，只能通过不断的创生过程体现自身的伟大作用，故不可言说，不可名相。道虽然不具形象，却能孕育万物，故为天地之始。按："始"字，《说文》："始，女之初也"，《尔雅》："胎，始也"，可知"始"的本义是女子怀孕之初，即结胎之时，婴儿从无过渡为有。推之于宇宙，无形无象之原初母体中即孕育着天地万物的萌芽，故曰："无，名天地之始。"婴儿结胎既成，初无分化，五官五脏四肢渐次萌生形成。推之于宇宙，由无成有，初为混沌，天地万物渐分而生成。人之胎珠，宇宙之混沌初体，皆可为有，遂以名之，而为后来人物之源，故曰："有，名万物之母。"老子形容道之生物，喜借用女性、母体一类词语，皆因其宇宙论受启于女性生殖过程。"道冲，而用之或不盈，渊兮似万物之宗"（四章），"冲"，虚空。"道冲"是形容道体虚空，受启于女性子宫的中空特征。我国佤族地区有称作"司岗里"的出人洞，当地传说人类都是从这个洞中走出来的。出人洞是放大了的女子性器官，其特征是"冲"，而能源源不断地生人。但毕竟女子之生子有限，而道之生物无穷，故云"用之或不盈"，其渊深之妙，含藏之富，不可测度，成为万物的宗祖。"道之为物，惟恍惟惚。惚兮恍兮，其中有象。恍兮惚兮，其中有物。窈兮冥兮，其中有精。其精甚真，其中有信。"（二十一章）"恍惚"，似有若无。"窈冥"，深远暗昧。"其中有象"、"其中有物"，在有无迷离之际，蕴含着形象事物，虽非现实的存在，而有潜藏的存在。"其中有精"，其中含藏着生命的微小原质，这一章明显是借用女性的生殖来描述宇宙的起源。任何个体的人，本来是不存在的，他之所以能从无中诞生出来，皆因母体具有创生的能力，含有下一代生命的原质，推而论之，现存的天地万物本来是不存在的，之所以能够陆续出现，就在于非有的原初世界里，本来就含有现存世界的种子或原质或因素，所以"无"才能过渡到"有"，形而上之道才能转化为形而下之物。"天下有始，以为天下母。既得其母，以知其子，既知其子，复守其母，没身不殆。"（五十二章）这又是用女性生殖原理来说明道与万物的关系及得道的重要性。道与万物是母子关系，得其母方能知其子。这里的"天下有始，以为天下母"，即是首章中的"有，名万物之母"。

那么老子的"道"究竟是无呢，还是有呢？可以说"道"在有无之间。从历时上说，无在先，有在后，无中含有，道即是含有之无。从共时上说，无与有乃体与用的关系，道体为无，道用为有，道是体用一元、有无结合的。首章所说的"无"指作为万物之始的非有的原初状态；所说的"有"，则指混沌未分之存在，万物所从出者。"故常无欲，以观其妙；常有欲，以观其徼"，是说保持无欲清静的心境，方能观照道的玄妙本性；保持追求与思虑的心境，方能考察道的分化发展。"此两者，同出而异名，同谓之玄。玄之又玄，众妙之门。"两者指无与有，道是无与有的统一，深奥不可认识，故谓之玄，太深远太精妙，故谓玄之又玄。宇宙之神奇变化皆由此而生出，故谓众妙之门。二十五章说："有物混成，先天地生。寂兮寥兮，独立而不改，周行而不殆，可以为天地母。吾不知其名，强字之曰道，强为之名曰大。"这里说的先天地生的混成之物，即指宇宙初生、尚未分化时的"有"世界，是无向有过渡的最初阶段。因其混一，故云"独立"；因其入有，故可强为之名曰道曰大。四十二章说："道生一，一生二，二生三，三生万物。万物负阴而抱阳，冲气以为和。"这里所说的道是指"无"之道，即最早的非有世界。道所生出之"一"指独立而不改的"有"的混沌世界。"一生二"，是指混沌世界分化出天与地。"二生三"，是指天地交合，阴阳二气相激荡而生成冲气，即和气。帛书《老子》甲本"冲"作"中"，冲气即中和之气。"三生万物"，即和气通过不同的途径形成天下各种事物。以上都是从历时上讲道是无与有的统一。归结起来就是一句话："天下万物生于有，有生于无。"（四十章）。十四章："视之不见名曰微，听之不闻名曰希，搏之不得名曰夷。此三者不可致诘，故混而为一。其上不皦，其下不昧，绳绳不可名，复归于无物。是谓无状之状，无物之象，是谓惚恍。迎之不见其首。随之不见其后。"这是从共时上讲道体的超形象性。王弼对此深有所得，其注文曰："无状无象无声无响，故能无所不通，无所不往"，又曰："欲言无邪？而物由以成；欲言有邪？而不见其形，故曰无状之状、无物之象也。"又曰："无形无名者，万物之宗也。"按照王弼的理解，有以无为本，万物以道为本，可以说道是万物的深层本质，万物是道的外在表现，道与万物是本质与现象的关系，而本质是不能被感知的。三十四章说："大道氾兮，其可左右。万物恃之以生而不辞，功成而不有，衣养万物而不为主。"这里强调的自然本性，万物的生成仰仗于道。但是"道"并非有意志力和占有欲的上帝，它自然而然地生物养物，不受任何欲念的支配。这即是三十七章所说的"道常无为而无不为"。道不妄为、不强求，顺乎自然，而万物自生自长自成，各安其性，各得其所。道是在无形之中生养和成就万物。这是一种暗含的没有痕迹的内在作用，故六十二章云："道者，万物之奥。"

到此为止，道的原初性、无形象性和内在性已经得到说明，但我们似乎还不能满足。道还不只是宇宙原初状态和万物的普遍本质。老子论道，不单在于道的无形无象，更在于道能无中生有；不单在于道规定着万物的本质，更在于道能促使万物健康地生长发育。如果道仅是万物的内在本质，那么宇宙无物而无道，无时而无道。但《老子》书中却讲"得道"、"失道"（三十八章），"有道"、"无道"（四十六章），就是说有失道之物，有无道之时。三十九章说："昔之得一者"，"一"指道，有"混而为一"（十四章）、"圣人抱一"（二十二章）为证。下面讲得一者如何，失一者如何，可证老子的道，虽然无形无象，却还没有广泛到"无所不在"、"在蝼蚁"、"在稊稗"、"在瓦甓"、"在屎溺"（《庄子·知北游》）的程度。我以为老子的"道"是指宇宙的总源泉和总生机，是创生的能量，不是被创生的物体，是发展的动力，不是发展着的万有。"道"意味着不断地创造，蓬勃地发展，它是内在的永恒的活力，得之者生，失之者死，顺之者昌，逆之者亡。我们看这个世界，它来源于一个统一的非现存世界。不靠上帝鬼神，不靠其他任何外力自己在不停地运转，不停地分化，不停地催生，不停地向前。它的动能是自己所固有的，用之不尽的，这种动能即是道。不能说它有，它是非物，无形无象，看不见摸不到；又不能说它无，它的力量伟大，赋予万物以生命，人们时刻能感受到它的存在。这是老子观察女性生殖功能所受到的启悟，他把"道"看成是生养天地万物的自然母体的造化之力，正是这种永恒的自然的力量造就了一个五光十色的生气勃勃的世界。这个世界中每一件事物的正常存在和发展，都是禀受了道的一部分活力。失去了活力，就要趋向衰亡，我们用这样的观点再来看三十九章，就容易理解了。该章说："昔之得一者：天得一以清，地得一以宁，神得一以灵，谷得一以盈，万物得一以生，侯王得一以为天下正。其致之也，谓天无以清将恐裂，地无以宁将恐废，神无以灵将恐歇，谷无以盈将恐竭，万物无以生将恐灭，侯王无以正将恐蹶。"道既是总源泉总生机，天地万有要健全地存在并发挥作用，必须从道那里获得应有的生命力，并能保持它。"万物得一以生"这句话概括了道的生生作用。天之清，地之宁，神之灵，谷之盈，侯王之正，皆是它们正常的生命形态，皆因内含着生机。推而言之，万物失去生机便会瓦解毁坏，天将崩裂，地将震溃，神将止息，谷将涸竭，侯王将倾危。由此可知，得道与生命连在一起，失道与衰亡连在一起。

"德"是什么？德是万物禀于道而获得的一部分生命活力，故德即物性。王弼说："德者得也，常得而无丧，利而无害，故以德为名焉。何以得德？由乎道也；何以尽德？以无为用。"（《三十八章》注）可知德与道不可分，一物之本性，从来源上说是得道的结果，从现存形态上说则是成德之性。五十一章说："道生之，德畜之，物形之，器成之。"这句话是讲形而上之道下落为形而下之物的过程。道给予万物生命，德规范万物本性，物形状万物体态，器成就万物功用。而"万物莫不尊道而贵德"，何以要贵德？德既是物之含道之性，必是其初禀时真朴之性，不受沾染，未加修饰，圆满无缺，这样的德又称为"朴"，在人，称为"玄德"。有德之人是人间未丧失道性者，老子以婴儿为比喻加以形容。十章说："专气致柔，能如婴儿乎？"二十章说："沌沌兮，如婴儿之未孩。"五十五章："含德之厚，比于赤子。"这种比喻亦带有母系氏族文化的痕迹，母系社会尊重妇女、珍爱儿童，这已为考古学所证实。对婴儿如此赞美，如此细微描述（"骨弱筋柔而握固"、"终日号而不嗄"等），非重于母性之人不能为也。儿童是人生的天真时期，母系社会是人类的童年时期，在老子心中都留下极美好的印象，所以时时回顾，并用来表述自己的物性观和人性论。孔子就没有这样的比喻。孟子的"赤子之心"，李贽的"童心"说，皆是受到老子的感染而后才有的。

老子所理想的社会是"小国寡民"的社会，其原型是上古社会。可是这样的社会更接近上古的哪一种社会形态？老子复古要复到什么历史阶段上去呢？我们且看八十章的描绘："小国寡民，使有什伯之器而不用，使民重死而不远徙。虽有舟舆，无所乘之；虽有甲兵，无所陈之。使民复结绳而用之。甘其食，美其服，安其居，乐其俗。邻国相望，鸡犬之声相闻，民至老死，不相往来。"这样的社会已经以锄耕农业为重要经济基础（不是狩猎或游牧，故"民重死而不远徙"），但生产工具还是石器（不用"什伯之器"），不用文字（记事"结绳而用之"），没有战争（不陈甲兵），社会组织以村落为单位相聚而居，没有更广大的联合体（"邻国相望"而"不相往来"），社会生活安宁和谐，没有对抗和争斗（"甘其食，美其服，安其居，乐其俗"）。这样的社会，非母系氏族社会而何？当然，老子将其理想化了，而母系氏族社会的生活是很艰辛的，只是人际关系上有原始的和谐。根据考古学提供的资料，我国仰韶文化是典型的母系氏族文化。半坡与姜寨遗址又给我们具体提供了当时氏族村落的某些生活方式。其时生产资料公有，氏族成员共同劳作共同消费；女性在社会生活中起主导作用；人们的行为靠习俗和宗教来维持，彼此间的关系是平等互助的；使用磨制的石器和骨器，制陶业发达；在陶器上发现刻画符号，但无正式文字；生产与生活以氏族村落为单位，人数不多；农业和家畜饲养业已较发达，辅以采集和狩猎。老子的"小国寡民"社会，与仰韶时代的氏族村社，就其基本特征而言，十分近似，而与考古发掘中发现的和传说中的父系氏族社会不同，更与后来夏、商、周三代的礼制等级社会相距甚远。中国以龙山文化为代表的父系氏族社会，虽然在生产资料公有、男耕女织、风气质朴等方面与仰韶时代相同，但是私有制已经萌生，出现了男女的不平等和财产的贫富分化，原始的纯朴性已开始受到损害。传说中的黄帝炎帝至尧舜时代，大致是父系氏族社会时期，氏族联合为部落，部落联合为邦国，规模较大，常发生部落之间的战争，有较大范围的迁徙。这些都与老子的理想不合，所以老子从不提及尧舜等儒家理想的圣人。母系氏族社会是原始社会最典型的形态，一旦父权确立，社会就开始向私有制过渡。老子的理想国是以母系氏族社会遗风为蓝本建构而成的。十七章说："太上不知有之，其次亲而誉之，其次畏之，其次侮之。"最好的时代，人民感受不到政权的压力，人民做他们想做的事情，成功了不认为是领导者的恩赐，因为上下没有等级，这只能是母权制时代。次一等的时代，人民拥戴他们的领袖，感谢领袖的丰功伟绩，人民时刻感受到领袖的巨大权威和作用，这是指父权制时代，在中国传说中便是尧舜时代。再次一等的时代，人民敬畏他们的君王，因为生杀予夺大权掌握在君王手中，普天之下，莫非王土，率土之滨，莫非王臣，这是一个家天下的时代。不过人民在畏惧之中还存留着敬重，承认君王的高贵，这相当于中国夏、商、周三代的兴盛时期。最糟糕的时代，君王丧失了人民的信任，无德无威，天下大乱，贵贱易位，上下失序，这正是老子所处的春秋末年的情形，周天子的统治已经名存而实亡，人们所重在霸业。老子所了解的古代史多少与实际的情形相吻合，他想回归的美好社会，正是母系氏族社会。三十八章称为"上德"的时代就是"太上不知有之"的时代，称为"下德"的时代就是"其次亲而誉之"的时代，两种说法是一致的。

总之，要理解《老子》，必须找出它与上古文化的联系，而这种联系不像儒学上承夏、商、周三代特别是上承周代文化那样明显，但这种联系是存在的。《老子》所上承的主要不是三代文化而是原始文化，特别是母系氏族文化。魏源说："删书断自唐虞，而老子专述皇坟以上。"(《老子本义》)这种上古文化在原始社会解体以后，并没有完全消失，它的氏族组织形式得到保存，它的文化以民俗民风和传说的形式多少流传下来，并且积淀在人们的智慧之中。当父权制社会发展出宗法等级私有制度并且显露出种种难以克服的病态以后，一部分士人由于对现实不满而产生对远古社会的倾心和向往。儒家总想回到尧舜的时代，亦即父系氏族社会的兴旺时期。孔子所理想的"老者安之，朋友信之，少者怀之"(《论语·公冶长》)及"四海之内皆兄弟"的社会，《礼运》所描述的禹以前的"天下为公"的"大同"时代，都近似于原始社会后期的父权制时代，带有男性中心的色彩。故云"兄弟"，故云"男有分，女有归"。而老子回归得更远，他要恢复最纯朴、毫无私有观念的原始社会，即母系氏族社会。当然，无论孔子，还是老子，都只能对原始社会有朦胧的观念和简略的追忆，他们都用当时的眼光把原始社会过分美化了，他们的理论加工和修饰，不能不带有后来时代的色彩，但他们理想蓝图的原型，还是可以看得出来的。

找到老子思想的最初原型，对于正确把握老子的理论和基本概念，至关重要，许多抽象程度很高的范畴的真实含义，由此可迎刃而解。老子的思想当然也是对三代以来社会历史经验和生活智慧的总结，这是毫无疑义的；不过其偏重阴性的特点，却需要从原始母性文化的源头上予以说明。论者有以夏代文化为老子思想的渊源，并考出夏人尚黑，尚忠信，尚慈，尚俭，尚水，尚愚朴，恰与老子所尚相一致，故两者之间有着承继关系。此说颇有创见，但夏代文化面貌目前尚不很清楚。而"忠信"、"慈"、"俭"非夏代文化所独有，我们亦可以承认夏文化为老子思想的上流之一，但它不是源头，不过其中保存了比殷周两代更多的古朴成分，而为老子所承接。

## 二　女性智慧和美德的理论升华

台湾学者吴怡说："中国哲学上有两本运用女性之德的经典之作，一本是《易经》，一本是《老子》。《易经》只用了一半，而《老子》彻头彻尾都是女人哲学。"我想略作些修正：《易经》虽讲男女，但以男德为主，推崇阳刚之性，故为孔子和儒家所推崇；而《老子》确


主阴贵柔的生命哲学

主阴贵柔的生命哲学

279

如吴怡所言，是真正的女性哲学，它推崇的是阴柔之性。女性占人类的一半，以其特有的智慧、韧性和慈爱，养育着一代又一代，使人类得以正常地繁衍和发展。在初民社会，女性不仅在人口生产上，而且在物质生产和社会生活中发挥着主导作用，那是女性最光辉的时代。进入父权制社会以来，男性压倒了女性，社会政治、经济、军事及文化生活均以男性为中心，女性的智慧和美德被男性的光芒所遮掩，人们习惯于用男性的愿望和处事方式来改造社会，女性成为男性的附庸。然而实际生活表明，男性的智慧有巨大缺陷，若不用女性的智慧加以匡正，就会出现许多失误和灾难。因此，尽管在社会生活和习惯上不能摆脱轻视女性的传统，但有头脑的思想家都不能不或多或少地吸收女性的品格，用于人生和世事，形成阴阳并重乃至重阴的思想。老子是自觉意识到男性智慧的弱点和重新发现女性智慧与品德的伟大作用的第一位哲学家，他正是由于着重提炼和发挥了女性之德，才形成了具有鲜明个性的主阴哲学，创立了贵柔守雌的道家辩证法体系，对中国哲学的发展做出了特殊的贡献。

与男性相比，女性的心理和生理特征是温顺柔和、谦虚文静、慈爱多情，同时又坚韧耐劳、生命力顽强。在长期的贫困和备受压抑的社会生活中，妇女又养成俭朴和不争的性格。中国妇女一向勤劳质朴，为男性和下一代做牺牲性的服务，含辛茹苦，承受着社会和家庭的各种不幸，温暖着亲人，陶冶着男性，在无形之中为社会和民族的生存发展起着不可估量的巨大作用。老子哲学在很大程度上是上述女性品德的哲理化，是把女性所特有的属性升华为一般性的思想原则，他的一系列基本概念都与女性有关。

1. "柔弱胜刚强"（三十六章）。重阴柔而轻阳刚是老子哲学的主要特质之一，而阴柔正是女性的最显著的特征。二十八章说："知其雄，守其雌，为天下谿。"老子深知雄强的表面力量，却安于雌柔，因为雌柔的地位虽低，却可以作为天下的涧谷而有不尽的含藏，从而在实际上比雄强更富有生命力，这是从女性的伟大力量中得到的启悟，"雄"、"雌"述语的使用便是暗示。老子又考察了人与草木的生长过程，七十六章说："人之生也柔弱，其死也坚强，草本之生也柔脆，其死也枯槁。故坚强者死之徒，柔弱者生之徒。是以兵强则灭，木强则折。强大处下，柔弱处上。"他发现生命体的旺盛时期都柔软而富于弹性，其衰亡阶段都僵硬枯槁。所以坚强与死亡相连，柔弱与生命相连。这里的"坚强"是外强中干，实际上是脆酥；"柔弱"是外虚内实，实际上是柔韧。老子极推崇水，八章说："上善若水，水善利万物而不争，处众人之所恶，故几于道。"七十八章说："天下莫柔弱于水，而攻坚强者莫之能胜，以其无以易之。"水的特点，一是柔弱，二是善利万物，三是不争，四是力量胜过刚强者，正能体现阴柔之美，故老子用以比喻道与德。女性、青春之生命体、水，都是在柔软的形式下，包含着内在的强大活力和化解刚性冲击的深厚能力，表现出阴柔之性的优势，故为老子所赞美，并且从中概括出普遍性的结论："柔弱胜刚强"。这个"弱"字并非软弱，而是韧性，是深层的持续不断的生命力和创造力，故四十章说："弱者道之用"，道的作用是通过阴柔的方式来实现的。《吕氏春秋·不二》说"老子贵柔"，一个"柔"字点破了老子哲学的特质。

2."生而不有，为而不恃，长而不宰"（五十一章）。老子称此为玄德，即内在的崇高德性。类似说法又见于二章、十章、三十四章。这样的德性在女性身上有最充分的体现。一般说，男子有一种天生的占有欲和支配欲。进入父权制时代以后，君权、族权、夫权更是无限膨胀了男性统治女性和下属的欲望。女性则相反，有一种天生的奉献精神和服务精神。作为母亲，孕育与扶养儿女，这本身就是一种自我牺牲和奉献；操持家务，准备吃穿，维持着全社会正常的生存和延续，但是多数母亲把养儿育女、为家庭服务当成义务和习性，并从中体验着天伦之乐，不想去支配和统治受她们衣养的亲人，所以获得了"慈母"的美称，这就是"衣养万物而不为主"（三十四章）的"不争之德"（六十八章）。老子认为一个理想的圣君也应该具有这种女性的玄德，培养服务精神，消解权力欲和私有欲。

3."一曰慈，二曰俭，三曰不敢为天下先"（六十七章）。老子称之为"三宝"，认为"慈，故能勇；俭，故能广；不敢为天下先，故能成器长"。这三大美德皆来自女德。母亲对子女的爱既深厚又细微，为了下一代的成长，可以忍辱负重，不怕任何艰难困苦，此即"慈，故能勇"。妇女有油盐柴米之责，养成精打细算、量入为出的习惯，使有限的经济收入发挥更长期更多样的作用，此即"俭，故能广"。女性谦逊居后，不愿抛头露面，以默默奉献为荣，而能受到人们发自内心的尊敬，成为男人心理上和事实上的一种重要依托，此即"不敢为天下先，故能成器长"。老子认为治理一个国家亦应有慈爱之心，勤俭之性，谦和之德。

4. "处无为之事，行不言之教"（二章）。这也和女性的处事方式有关。一般说，女性不易冲动蛮干、胡作妄为，而能顺物之自然而为之，尤其表现在对儿女的养育教化上，总是有极大的耐心，靠潜移默化的方式和本身的模范行为，来陶冶孩子的性情，使之成熟，很少有男性那样恨铁不成钢的急躁行为。这就是"处无为之事，行不言之教"。六十章说"治大国若烹小鲜"，若不是细微观察了妇女的烹调之务，不会有此生动的比喻，它形象地说明了无为而治的原则。老子的无为，绝非无所作为，而是不私为，不妄为，要出于公心，按照事物的自然本性，因势利导地去做，无形中便会得到成功。故六十四章说"辅万物之自然"，"辅"字既说明有所作为，又说明要顺自然之性而为，"自然"与"无为"是连在一起的。事实上老子非但不是无所作为，他的真正目的正是通过顺性而为来达到成就一切的普遍性目标，这就是"道常无为而无不为"（三十七章）。

5."见素抱朴"（十九章）。二十八章说："常德乃足，复归于朴。"三十二章说："朴，虽小，天下莫能臣。"三十七章说："镇之以无名之朴。""素"为未染色之丝，"朴"为未雕琢之材，素朴乃未经加工，未事修饰的自然本性。老子提倡返朴归真，无论是自然界，还是社会，以及人性，都应去掉刀削斧凿的痕迹、分裂争斗的恶态和浮华虚伪的外衣，回到天然淳真的状态。人的纯朴又称为"愚人之心"，即没有智巧欺诈。这样的敦厚天真心态，在妇女儿童的身上要比男性成人多得多。男性长期处在社会生活的中心位置，见多智广，同时也容易沾染各种不良恶习。妇女儿童有较多的素朴性，又常常受到各种非义的伤害，所以时至今日，社会仍旧需要特别保护妇女和儿童。

6."重为轻根，静为躁君"（二十六章）。老子特重静德，十六章提出"致虚极，守静笃"的养性原则。要人们克服私欲和外界的种种干扰，使心境达到虚怀若谷和清静淡泊的状态。只有这种状态才能培植生命的根基。因为万物皆以静为根本，向着"静"作复归运动，故云"夫物芸芸，各复归其根，归根曰静。静曰复命"，"复命"是回复到万物所由生的本初状态，与生命的总源泉——道相会合，从而获得永恒的存在。四十五章又说："躁胜寒，静胜热，清静为天下正。""清静"与"无为"连在一起。清静才能少私寡欲和明智无蔽，清静才能镇定自若，处变不惊，收到以静制动、无为而无不为之效。六十一章说："牝常以静胜牡"，可知静德是女性的属性，是女性超越男性的重要凭借。《周易》坤卦《象辞》云："坤厚载物，德合无疆，含弘光大，品物咸亨"，《文言》云："坤至柔而动也刚，至静而德方"，又说"地道也，妻道也"，把至柔至静看成坤德，而坤德即是地德，即是女德，以其至柔至静而能厚载容物。但《文言》认为"坤道其顺乎，承天而时行"，从属于乾道；而老子以坤为主，以静为本，两者有所不同，以静为坤德则有所同。女性在处理与男性的关系和社会家庭事务上确有其特点和优点，对于生硬的行为往往不是采取硬碰硬的态度，而能避其锋芒，弱其来势，镇之以朴，化之以情，委曲求全，以柔克刚，也往往收到出人意料的效果。推之于治国用兵，便产生了"曲则全，枉则直"（二十二章），"去甚，去奢，去泰"（二十九章），"将欲取之，必固与之"（三十六章），"我无为，而民自化"（五十七章），

"抗兵相若，哀者胜矣"（六十九章）等战略策略思想。推之于修身养性，便形成了"专气致柔"（十章），"少私寡欲"（十九章），"知足不辱，知止不殆"（四十四章），"塞其兑，闭其门"（五十二章）等处世箴言。老子把女性的智慧、经验和美德，融入自己的哲学体系，使之升华、扩展为一般性哲理，从而形成了老子哲学主阴的特质，这是女性哲学的一大成功。

## 三 深层世界的发现与逆向思维的运用

现实世界是个阴阳对立统一的世界。阳表示显露的前进的主动的正面的有形的刚强的方面，阴表示潜藏的后退的被动的反面的无形的柔韧的方面。一般人囿于生活的经验和狭隘的眼界，比较多地注意了世界的外在的正面的有形的方面。儒家受男性主义的支配，也着重强调了世界的前进运动和刚健之性，亦即它的阳性。老子的功绩在于他在有形的世界的内部和背后发现了一个无形的世界，这个无形的世界存在于事物的深层，其情形往往与有形的世界相反，但它却更重要更根本，更具决定性的作用，而为常识所不能把握。这个无形世界并非一孤立的存在，它就是世界的阴性，老子哲学的任务是发掘和阐述阴性的特质与价值。

上文已经说过，道是有与无的统一，道体为无，道用为有。一般人只看到有之用，而不知道"有"之用须以"无"为体。故老子强调"有无相生"（二章），又进而指出"天下万物生于有，有生于无"（四十章）。"有生于无"既可有宇宙发生论的意义，也包含着体用论的意义。"无"落到形而下的领域，便指空间。不论"无"的含义如何，它的共同点是无形无象。为使人明白"无"的重要性，老子借用具体事物为喻。十一章说："三十辐共一毂，当其无，有车之用。埏埴以为器，当其无，有器之用。凿户牖以为室，当其无，有室之用。故有之以为利，无之以为用。"车、器、室皆因形成了特定的空间方有其特定的作用。老子看到空虚不等于零，有形之物都离不开无形之虚，而后才有其价值，于是得出了"有之以为利，无之以为用"的一般性结论。这句话王弼注解得好，他说："有之所以为利，皆赖无以为用也。"世上的事情多类此者。四十一章说："大音希声，大象无形，道隐无名。"王弼注云："物以之成，面不见其成形，故隐而无名也。"此即是说，五音之成赖于希声之大音，众象之成赖于无形之大象，亦是有以无为本的实例。推而广之，在无为与有为的关系上，无为为本，有为为用。五章说："天地不仁，以万物为刍狗；圣人不仁，以百姓为刍狗。"通常人们只看到仁爱的好处，岂不知正是天地的自然无为，才成就了万物的生长繁衍，圣人的无为而治，才成就了百姓的自然发展；若是天地有意于仁必不能遍仁，圣人有意于爱必不能遍爱，故无为方能无不为。通常人们喜欢居前，积财，争功，亲仁义，美忠孝，尚智巧，逐于强力，厚于生生，依于法令。老子认为这些都是本末倒置，其结果必然是走向愿望的反面，欲益之反害之；未若居后，节俭，不争，尚朴，处无为之事，行不言之教，这才是守母归根之举，而能真正获得成功。表层的现实与深层的真理总处在矛盾的状态，老子认为他的责任就是指出这种矛盾，揭示事物深层的本质，使人们能够透过有形的显露的世界去把握无形的内藏的真理。

老子将道体与道用的辩证关系概括为"反者道之动，弱者道之用"（四十章）。这句话词约而义丰，简单地说，就是生活的真理存在于对立面的相互依存和相互转化之中，大道的现实功能依赖于柔弱的阴性而发生作用。在这样一种主阴的辩证的世界观指导下，老子形成了自己独有的逆向思维模式。其特点在一个"反"字上，看重事物反面的性质，善于在对立之中思考问题和解决问题。

有以下几种主要情况：第一，相反相成。看起来完全对立的事物，实际上是相得相依的。如："有无相生，难易相成，长短相形，高下相盈，音声相和，前后相随。"（二章）这是一类共时存在的矛盾，失去一方则另一方即不存在。

第二，正言若反。事物的本质与它的现象是矛盾的，所以要用否定性的术语来表述它的肯定性的内涵。如："俗人昭昭，我独昏昏；俗人察察，我独闷闷"，"众人皆有以，而我独顽且鄙"（二十章），"明道若昧，进道若退，夷道若纇，上德若谷，广德若不足，建德若偷，质直若渝，大白若辱，大方无隅，大器晚成，大音希声，大象无形，道隐无名"（四十一章），"大直若屈，大巧若拙，大辩若讷"（四十五章）；"信言不美，美言不信；善者不辩，辩者不善；知者不博，博者不知。"（八十一章）这种正言若反的表述方式，比一般的正面表述更深刻地揭示了所肯定的真理的高层次性和真理的内在性。

第三，物极必反，一物之中包含着否定性的因素，当该物发展到极点时，否定性成分变为主导，该物便转化为自身的反面。如："金玉满堂，莫之能守。富贵而骄，自遗其咎"（九章），"五色令人目盲，五音令人耳聋，五味令人口爽，驰骋田猎令人心发狂，难得之货令人行妨"（十二章），"企者不立，跨者不行。自见者不明，自是者不彰。自伐者无功，自矜者不长"（二十四章），"甚爱必大费，多藏必厚亡"（四十四章），"天下多忌讳，而民弥贫；人多利器，邦家滋昏；人多伎巧，奇物滋起；法令滋彰，盗贼多有"（五十七章），"祸兮，福之所倚；福兮，祸之所伏"，"正复为奇，善复为妖"（五十八章），"民不畏威，则大威至"（七十二章），"兵强则灭，木强则折"（七十六章）。老子发现，否定在事物发展和转化中起着决定性的作用，否定是内在的，当事物的发展失去控制时，否定便要逞其威风。

第四，由反入正。既然对立事物总是向着自己相反的方向转化，那么为了达到正面的目标，就必须从反面入手，走迂回的路。如"圣人后其身而身先，外其身而身存"（七章），"曲则全，枉则直，窪则盈，敝则新，少则得"，"夫唯不争，故天下莫能与之争"（二十二章），"以其终不自为大，故能成其大"（三十四章），"将欲歙之，必固张之；将欲弱之，必固强之；将欲废之，必固兴之；将欲取之，必固与之"（三十六章），"道常无为而无不为"（三十七章），"天下难事，必作于易；天下大事，必作于细。是以圣人终不为大，故能成其大"（六十三章），"合抱之木，生于毫末；九层之台，起于累土；千里之行，始于足下"（六十四章）。以上由反入正的系列命题，形成老子的行为策略思想，其核心就在于从积极的方面正确运用事物转化和否定原理。

第五，防正转反。如果说上一条是通过主观努力促使事物朝着有利于人的方向转化，那么这一条就是通过主观努力防止事物朝着不利于人的方向转化。如："多言数穷，不如守中"（五章），"持而盈之，不如其已"，"功遂身退，天之道也"（九章），"圣人去甚，去奢，去泰"（二十九章），"果而勿矜，果而勿伐，果而勿骄，果而不得已，果而勿强"（三十章），"大丈夫处其厚，不居其薄；处其实，不居其华"（三十八章），

"贵以贱为本，高以下为基。是以侯王自称孤、寡、不谷"，"不欲琭琭如玉，珞珞如石"（三十九章），"知足不辱，知止不殆，可以长久"（四十四章），"圣人方而不割，廉而不刿，直而不肆，光而不耀"（五十八章），"治人事天，莫若啬"，"是谓深根固柢，长生久视之道"（五十九章），"慎终如始，则无败事。是以圣人欲不欲，不贵难得之货；学不学，复众人之所过"（六十四章），"圣人不病，以其病病；夫唯病病，是以不病"（七十一章）。老子已经看到，事物转化是有条件的，如果人能主动接纳它的否定因素，进行局部的及时的不断的自我否定，不使自身的行为失去控制，那么就可以使事物的否定性转化在自身内部进行，不会引起根本性的变化和整体的丧失，这就是一种改良的辩证法。这种辩证思想形成老子行为策略的另一个侧面，并且成为他的养生论的重要依据。

第六，消解矛盾。对立双方相比较而存在，假如双方一利一害，就不能只想存其利而去其害，根本的解决办法是取消这组矛盾存在的条件，把事物推向一个更高的发展层次。如："不尚贤，使民不争；不贵难得之货，使民不为盗；不见可欲，使民心不乱。是以圣人之治，虚其心，实其腹，弱其志，强其骨，常使民无知无欲"（三章），"吾所以有大患者，为吾有身，及吾无身，吾有何患？"（十三章）"大道废，有仁义。智慧出，有大伪。六亲不和，有孝慈。国家昏乱，有忠臣"（十八章），"绝圣弃智，民利百倍；绝仁弃义，民复孝慈；绝巧弃利，盗贼无有"，"见素抱朴，少私寡欲，绝学无忧"（十九章），"善行无辙迹，善言无瑕谪，善数不用筹策，善闭无关楗而不可开，善结无绳约而不可解"（二十七章），"盖闻善摄生者，陆行不遇兕虎，入军不被甲兵。兕无所投其角，虎无所措其爪，兵无所容其刃。夫何故？以其无死地"（五十章），"善建者不拔，善抱者不脱"（五十四章），"塞其兑，闭其门；挫其锐，解其纷；和其光，同其尘，是谓玄同。故不可得而亲，不可得而疏；不可得而利，不可得而害；不可得而贵，不可得而贱"（五十六章），"圣人云：'我无为，而民自化；我好静，而民自正；我无事，而民自富；我无欲，而民自朴'"（五十七章），"古之善为道者，非以明民，将以愚之"（六十五章）。老子看到文明社会里善恶并存，是非相依，福祸为邻，纷纷扰扰，无时而宁，治之而愈乱，防之而益危。他认为根本问题是人类丧失了真朴之性，逐于外物而不能返本。所以他提出了一套取法于大道和自然、超出世俗和时代的根本治理办法与养生之道，其要就在"见素抱朴，少私寡欲，绝学无忧"十二个字，并且要从统治者做起，以纯朴之身教影响社会，此即是无为而治，使社会回到原始淳厚状态。就个人养生而言，其要在于避开生死是非之地，否则将穷于应付而不能周备。老子所提出的根本解决办法当然是不实际的，但他发现了文明社会的异化现象，并希望对社会进行根本性的改造，以实现人性的复归，则是具有重大意义的。

第七，返本归初。事物的运动，最终都要回到当初的出发点，而这个出发点就是清虚渊深的大道。十六章说："万物并作，吾以观复。夫物芸芸，各复归其根，归根曰静，静曰复命，复命曰常，知常曰明"，"知常容，容乃公，公乃全，全乃天，天乃道，道乃久，没身不殆"。老子认为天下之物，其运动特点是"复"，即向静态复归，因为有起于虚、动起于静，所以万物最后必归于虚静，然后方能得到性命之常。人们如能知此殊途同归之理，则必能包容而无所不通，合于自然，同于大道，则可持久而无害。二十五章说："有物混成，先天地生。寂兮寥兮，独立而不改，周行而不殆，可以为天地母。吾不知其名，强字之曰道，强为之名曰大。大曰逝，逝曰远，远曰反。"这里说的是"道"的循环运动，道生化出天地万物，周遍无所不至，宇宙的发展距离原始状态越来越远（"逝"、"远"），最后总还要返回到本初状态。人从生到死是一种复归，老年有复归于儿童（心理上）的趋向。社会发展有在高层次向原始社会复归的趋向。地球、太阳系、银河系都有死亡的结局，复归于初。任何事物的运动过程都是宇宙大生命中的一个短暂的阶段，故云"暴风不终朝，骤雨不终日"，"天地尚不能久，而况于人乎？"（二十三章）只有"道"即宇宙的总生机总源泉，才是永恒不竭的。

老子深知，自己所体认的事物的内含真理，和逆向思维所把握的深刻的辩证运动规律，以及用"正言若反"的方式所表述的一系列主阴的哲学命题，往往与常识的见解恰相反对，而为多数人所不理解，甚至为部分人所嘲讽，故为之感慨。俗人都自以为很聪明，老子却自称"愚人"，自谓"顽且鄙"。然而老子的哲理绝非"虚言"，而是若愚之大智慧，社会与人生所须臾不能离开的真理。初看似觉乖违，细想乃知合于实际，人们日用而不知，逆之则招损。故七十章说："吾言甚易知，甚易行。天下莫能知，莫能行。言有宗，事有君。夫唯无知，是以不我知。知我者希，则我者贵。是以圣人被褐而怀玉。"时至今日，老子的思想仍在发生着积极作用，同时也常常受到误解和曲解，就是因为它内含着真理，而在形式上与常识发生冲突。

# 四　生命深度与厚度的化炼培植

老子不仅把人的生命看成一个自然的运动过程，而且也看成生命主体按照天道的法则不断完善自身的过程。炼养生命的深度和厚度，是老子哲学的重要内容，概而言之，可以分为以下几个方面。

1.在德性上要培植主体的质朴性、内含性，加强担待力和回应力。老子认为人性应当质朴厚重，保持婴儿般的天真，虚心以待物，含蓄而不外露，包举天下而不居功，应物而不累于物，成物而不自居其劳。八章："心善渊"。十五章："敦兮其若朴"，"旷兮其若谷"。十六章："致虚极，守静笃"。十九章："见素抱朴，少私寡欲"。二十章："沌沌兮，如婴儿之未孩"。二十六章："重为轻根"。二十八章："为天下谿，常德不离，复归于婴儿"，"为天下谷，常德乃足，复归于朴"。三十四章："衣养万物而不为主，可名于小；万物归焉而不为主，可名为大"。三十八章："大丈夫处其厚，不居其薄；处其实，不居其华"。四十五章："大成若缺，其用不弊；大盈若冲，其用不穷"。五十五章："含德之厚，比于赤子"。六十七章："我有三宝，持而保之。一曰慈，二曰俭，三曰不敢为天下先"。七十七章："孰能有余以奉天下？唯有德者"。这些德性，归纳起来就是：朴实、清静、谦虚、无私、厚道。为此就要清心寡欲，不尚浮华，"被褐而怀玉"。庄子说"嗜欲深者其生机浅"，诚哉斯言！是为真知老子者。

2. 在智慧上要提高主体的透视力和灵活性，不为现象和假象所迷惑，不因变化多端的环境而被动，博大精思而不可测度。十五章说："古之善为道者，微妙玄通，深不可识"，形容得道之人包藏着无穷的智慧。这种智慧高出一般常识，是洞察宇宙变化大道的大智大明，故云："知常曰明。"（十六章）这种智慧不是主观偏见，故云："不自见故明。"（二十二章）这种智慧既能知人，更可知己，故云："知人者智，自知者明。"（三十三章）这种智慧能于细微处见知事物的变化，故云："见小曰明。"（五十二章）这种智慧是按世间事物的本来面貌去认识事物，故云："以身观身，以家观家，以乡观乡，以邦观邦，以天下观天下。"这种智慧反对巧诈而以朴拙为智，故谓"玄德"，"玄德深矣，远矣，与物反矣，然后乃至大顺"（六十五章）。这种智慧不能靠增加外界的知识来获得，而要靠直觉的体认和潜意识的开发，故云："为学日益，为道日损，损之又损，以至于无为。"（四十八章）又云"涤除玄鉴"（十章），使心灵深处明彻如镜。只有冥心观照才能体察宇宙的生命之源和生命之机，而使主体获得"虚而不屈，动而愈出"（五章）的无穷智慧。这种智慧使人不局限于一事一时，不计较于小是小非，"玄同"万物而又不丧失自我，智欲圆而行欲方，故云："圣人方而不割，廉而不刿，直而不肆，光而不耀。"（五十八章）这种智慧使生命主体获得了极大的适应性、超越性和预见性。

3. 在作风上要形成主体的韧的精神，或者说是顽强的意志力，以便应付各种危险和艰苦。老子所说的"柔弱"，是指生命活体的回弹性和后续力，这是生命力旺盛的重要标志。老子歌颂水，水不怕强力的撞击和分割，故有"抽刀断水水更流"的诗句，反过来水可以无孔不入、无物不淹、连续不断，故七十八章说："天下莫柔弱于水，而攻坚强者莫之能胜。以其无以易之。"柔软的小草，抗风能力远胜于高大的乔木；弱小而顽强的军队，可以打败强大而横暴的军队。故七十六章说："兵强则灭，木强则折。"社会生活里经常有这样的经验，为了全局必须含垢忍辱，为了前进必须暂时后退，为了达到目标必须走崎岖不平的路，这就是四十一章所说的："明道若昧，进道若退，夷道若纇。"有了这样的精神准备，就可以对各种复杂事变应付自如，而不会为突然的祸患所吓倒。老子所说的"不敢为天下先"，含有后发制人、以逸待劳的思想，从正面去理解，就是保持后劲，不计较暂时的利害得失，只为取得最终的成功。生命主体应当变外强中干为外柔内实，对外部的打击有较强的承受能力，以"天下之至柔，驰骋天下之至坚"（四十三章）的精神，去从事有益于社会的事业。此外，还要进行自我控制力的锻炼，"胜人者有力，自胜者强"（三十三章），"自胜"是说要善于克制自己的私欲和冲动，自如地调节心理，使之平衡，保持良好状态，这才是真正的强者。

# 五　　生命长度与广度的延伸拓展

所谓生命长度是指生命活力的强化和延续，此即养生问题。所谓生命广度是指生命主体对其他生命的关注，此即济世问题。养生论是老子哲学的重要内容，着重阐述如何保性养生以达到健康长寿。其要点如下：

1.隐身避祸。老子认为社会政治处处有风险，善摄生者当避之以求全生。十三章说，受恩宠（做官）和受辱（贬抑）都是人们为求进身而招来的祸患，故云："宠辱若惊，贵大患若身。"人们应当"无身"，即不追求自身的发达飞腾，即可以远离祸患。五十章讲善摄生者不入死地，善于躲避野兽和兵事，实际上是指避开社会政治。

2.不为物累。老子指出，追求名誉和贪图财富都是不爱惜生命的表现。四十四章说："名与身孰亲？身与货孰多？得与亡孰病？甚爱必大费，多藏必厚亡。"老子的答案是清楚的，名誉与财货同自身的生命相比，是次要的，过分贪爱某物必招致大的破费，私财过多必会引起大的损失，都有害于养生。四十六章说："罪莫大于可欲，祸莫大于不知足，咎莫大于欲得。"人间各种罪恶灾祸皆起于贪，贪是养生之大忌。

3. 去甚去泰。在物质与精神生活上都要以平淡朴素为好，要"去甚，去奢，去泰"（二十九章）。十二章说，沉溺于声色犬马之乐，会损害人的健康，甚至使人癫狂。"生生之厚"（五十章）反而害己之生，"求生之厚"（七十五章）反而害人之生。故云"唯无以生为者，是贤于贵生"（七十五章），意思是不过分追求个人生活奉养之厚者，要比过分看重个人生活条件的人要高明。老子一贯主张少私寡欲，这不仅是提高精神境界的需要，也是维护生理健康的需要，奢侈确是健康的大敌。

4. 以"啬"养生。五十九章提出"啬"的原则，说："治人事天，莫若啬。夫唯啬，是谓早服；早服谓之重积德；重积德则无不克，无不克则莫知其极，莫知其极，可以有国；有国之母，可以长久，是谓深根固柢，长生久视之道。"这里"啬"的概念，并非吝啬，其内涵是培聚积蓄，不仅节流，而且开源，有生有聚，提高含藏量，避免各种浪费，即所谓"厚积而薄发"。这是兼治国与养生而言的。治国要多藏俭用，养生亦应着力于培蓄内在的能量，充实生命的活力，而不要浪费它。养生以啬，便可使生命的根基深厚，精力充沛，而能耳目不衰，健康长寿。"啬"字体现了老子哲学的收敛精神。在行为上、精神上、生理上都要收敛，而不可放纵，"揣而锐之，不可长保"（九章）。为此，就要"塞其兑，闭其门"（五十二章），即要封闭感官，收回欲念，专注于内心的修炼。

5. 专气致柔。十章说："载营魄抱一，能无离乎？专气致柔，能如婴儿乎？""营魄"即魂魄，指生命体之形神，养生之道在使形神合一而不离，离则两伤之。进而要聚集精气，使生命体如婴儿般柔和，这就是炼气的功夫。五十五章说赤子"骨弱筋柔而握固"，表现出精气充盈，淳和圆满，这正是炼养所追求的生理目标。形神抱一、积精累气、纯和不杂，是道家养生之道的基本功。

6. 死而不亡。三十三章说："不失其所者久，死而不亡者寿"，不离于生命根基的人可以长久，身死而人格犹存者才是真正的长寿。"死而不亡"不是指灵魂，而是指超越于个体的精神力量。老子不追求肉体的长生，只是想成就一种合于道的理想精神境界，这是老子与后来道教不同的地方。七章说："圣人后其身而身先，外其身而身存。非以其无私耶，故能成其私。""后其身"与"外其身"之身是指个人利益，"身先"与"身存"之身是指高尚人格，正是由于他有无私奉献的精神，所以才能成就他的伟大人格形象。老子认为这个精神上的"大我"可以"不亡"，它使生命具有了永恒的价值。

以上是就个体养生而言的。老子认为个体生命是狭小的，应当将个体的生命力向四周扩展，以成就更多的生命，使社会这个大生命体也能健康地向前发展，于是便有社会大生命观的出现。其要点如下：

1. 天道与人道相一致。老子十分看重人在宇宙中的地位。《周易》有天、地、人"三才"的说法，老子有道、天、地、人"四大"的说法。二十五章说："道大，天大，地大，人亦大。域中有四大，而人居其一焉"，人的地位是很崇高的。但老子接着又说："人法地，地法天，天法道，道法自然"，人的行为应取法于天地，天地的运行则取法于大道，大道则纯任自然，如王弼解释的那样："法自然者，在方而法方，在圆而法圆，于自然无所违也。"归根结底，人道应当像天道那样自然无为，生养万物而顺其性，没有占有的欲望，换句话说，人道应当以天下为公，故十六章说："知常容，容乃公，公乃全，全乃天，天乃道，道乃久。"人道若能包容大公，则与天道相合，从而达到理想状态，这就叫作"同于道"，"同于道者，道亦乐得之"（二十三章），人与道相得，便可以持久。"天之道，利而不害；圣人之道，为而不争"（八十一章），这是一致的。但在事实上，又常常不一致，"天之道，损有余而补不足；人之道则不然，损不足以奉有余"（七十七章）。应当用天之道来改造人之道。

2.利他与为己相一致。老子认为个人利益和他人利益在本质上是一致的，在利他的同时成就了自己博大的人格。八十一章说："圣人不积，既以为人己愈有，既以与人己愈多"，所以利他在本质上不是个体的一种牺牲，而是个体生命的拓展和升华，"以其终不自为大，故能成其大"（三十四章）。

3.修德应由近及远。老子认为生命主体首先要使自身强固，然后要将德泽不断向外普及，使天下之人受其惠。五十四章说："善建者不拔，善抱者不脱，子孙以祭祀不辍。修之于身，其德乃真；修之于家，其德乃余；修之于乡，其德乃长；修之于邦，其德乃丰；修之于天下，其德乃普。"陈鼓应解说："修身犹如巩固根基，是建立自我与处人治世的基点。《庄子》说：'道之真，以治身，其余绪，以为国。'道家所谓为家为国，乃是充实自我后的自然之流泽。这和儒家有层序性的目的之作为不同。"(《老子注译及评介》)此说可取。

4.救人物而不弃。伟大的生命应有博爱之心，世上虽有不善者，亦能善待之。四十九章说："善者，吾善之；不善者，吾亦善之，德善。信者，吾信之；不信者，吾亦信之，德信。"此处的善待不善与不信，是指能感化之并以为借鉴。二十七章说："圣人常善救人，而无弃人；常善救物，而无弃物。是谓袭明。故善人者，不善人之师；不善人者，善人之资。"这里已经有了统筹兼顾和化消极为积极的思想。

5.以百姓心为心。老子认为圣人之治国，要弃小仁而行大仁（所谓"圣人不仁"），即顺民之性而为之，不另有作为，这样才能使仁爱周遍。四十九章说："圣人常无心，以百姓心为心。"又谓"以天下观天下"（五十四章），这是古代最早的民主意识。在老子看来，统治者的作用只是创造条件让百姓自由自在地生活，而不是去指挥他们，教导他们，更不是去压榨他们，强制他们。十章说："爱民治国，能无以为乎？"就是这个意思。十七章说："功成事遂，百姓皆谓我自然。"百姓并不需要向统治者感恩戴德。五十七章说："我无为，而民自化；我好静，而民自正；我无事，而民自富；我无欲，而民自朴。"表现了对民众才智能力的充分信任，民众知道自己如何去追求幸福。这里已经有了合乎民心顺乎潮流的思想。

6. 反对强暴和掠夺行为。老子用自然无为和博爱广施的思想批判贵族统治者对人民的压迫和剥削。三十八章说，由于社会失去了纯朴性，统治者便用礼制强使人民就范，"上礼为之而莫之应，则攘臂而扔之"，其结果必然引起动乱，"夫礼者，忠信之薄而乱之首"。迷信法律，亦无济于事，"法令滋彰。盗贼多有"（五十七章）。"民不畏死，奈何以死惧之？"（七十四章）"民不畏威，则大威至。"（七十二章）这都是统治者的暴政逼出来的，民众的反抗才是"大威"，是真正有力量的。有些统治者不顾人民的灾荒饥贫，而"服文采，带利剑，厌饮食，财货有余"，这就等于是强盗头子（"盗夸"）（五十三章）。老子尖锐地指出，民众的苦难是由上层贵族的过度榨取造成的，"民之饥，以其上食税之多，是以饥。民之难治，以其上之有为，是以难治。民之轻死，以其上求生之厚，是以轻死"（七十五章）。这些沉痛的批判，表现了老子对人民的深厚同情，对剥削压迫的强烈反对。

7.反对战争，主张和平。战争总要毁灭生灵，破坏生产，为老子所坚决反对。老子认为，"夫兵者，不祥之器，物或恶之，故有道者不处"（三十一章）。战争是人类最大的灾祸，故老子称之为不祥之物。又说："以道佐人主者，不以兵强天下。其事好还，师之所处，荆棘生焉；大军之后，必有凶年。"（三十章）发动战争的人总想用军事手段强天下以从己，其结果不仅败者惨遭屠戮，胜者也伤痕累累，不久反抗的战争也会加到胜者的身上，使他也尝到战争的苦头，而家园在战争中遭到毁坏，一系列灾害由之而生。所以说人祸重于天灾，老子以其悲天悯人的情怀对战争进行了有力的控诉。"天下有道，却走马以粪，天下无道，戎马生于郊。"（四十六章）老子把和平生活和战时惨状作了鲜明的对比，表现出渴望和平的强烈愿望。而和平生活的破坏和战争的发动，又往往起因于少数掌权者的贪心不足，他们为了满足一己之私欲而不惜把成千上万的人推入战争的火海，故云："祸莫大于不知足，咎莫大于欲得。"（同上）人类要避免战争的灾祸，必须克服占有欲和扩张欲，从根本上改善人性。当然，老子也不是一个幻想主义者，他看到有时候不义之战会强加在人们的身上，因此必要时也应以战反战，实行防御性的反抗性的战争，并且要警惕正义战争走过了头，变成非正义战争。故三十一章说："不得已而用之，恬淡为上，勿美也。若美之，是乐杀人。"即使站在正义一边，也不要赞美战争，不能让好战成为人的习性，那是很可怕的。所以"战胜，以丧礼处之"，应有悲哀的心情。正义之战，有它的限度，"善者果而已，不敢以取强"（三十章），意谓达到正当目的即可，不要因此而逞强，不然又会重蹈侵略者的覆辙。老子还进而论述了用兵的策略。五十七章说："以正治国，以奇用兵，以无事取天下。"这三句话相当精辟地概括了治国、用兵和统一天下的不同的方略。治国必须用正道，堂堂正正地做，不能出奇制胜，不能使用阴谋诡诈手段。用兵之道变化无常，必须出其不意，攻其不备，以无形制有形，做到随机应变，有鬼神不测之妙。统一天下必须以德服人，为天下人所拥戴，使大家自觉自愿地实行联合，否则便不会稳定和巩固。其他还有"不敢为主而为客"，不能"轻敌"，"哀兵必胜"（六十九章），"善战者不怒，善胜敌者不与"（六十八章），等等。总之，老子对待战争的态度是：反对战争，而又不怕非正义战争，并要善于进行正义战争。其目的是争取人类和平，造就一个安宁和谐的社会，使人人都过上幸福美满的生活。

# 论

# 道

　　"道"是中国哲学的最高概念，它内涵幽深，包括万有，揭示出一种无限的、生生不息的、本质的存在。它地位崇高，无以尚之；可体而不可说，可求而不可离；自古及今，其名不去。中国哲学以道为宗，它贯通百家，兼用士庶，故言中国哲学不可不论道，发扬中国哲学精神不可不体道。道本不可言，然而非言无以喻意，故尝试为之，聊寄所思，读者会其意而忘其言可也。

## 一　　道家创论　百家共之

　　宇宙大道无始无终，无所不在；而发现大道，功在道家。强字之曰道，述之以恍惚之辞，首推老子。"道"字在老子以前早就流行，其本义是指行路，以后其字义不断抽象化普遍化，同时也多样化层次化，遂有通、导、顺、言、德、理、直、公、术等含义，用现在的话说，即是法则、规律、真理、术数、方法等意思。但在老子之前，"道"字还停留在形而下的范围，其最广大的应用是"天道"、"人道"、"神道"三者，仍是有限事物。老子写《道德经》，全力推崇太上大道，首次阐明了大道的无限性、超越性、自然性和普益性，使"道"摆脱了感性色彩，上升为最高哲学概念，建立起以道论为基石的哲学形上学，中国哲学从此具有了独立的理论形态，这是老子做出的划时代的贡献。

在老子之后，有庄子论道。庄子更突出大道的内在性和整体性，将道视为物我两忘的最高人生境界，从而为道家的修身论，揭示了一个重要的方向。西汉《淮南子》有《原道训》，系统阐述大道的普遍性、超验性、生化性，在宇宙发生论和本体论上大有发挥。魏晋玄学兼综儒道而更偏向道家；王弼宗老子，从本末、有无的关系立论，阐发大道与万物的相互依存关系，正式创建中国哲学的本体论；郭象宗庄子，着重从内圣外王的角度阐发大道理念与人间现实的关系，正式形成中国哲学的境界说。南北朝及隋唐以后，道教以宗教的方式将老庄道论改造成道教哲学，并用以指导炼养修行，使大道落实于养生，故道教以"道"为教名。

有人以为只有道家和道教崇道，其实这个观点是狭隘的，大道普遍存在，与所有的人都息息相关，故诸子百家都尊道而贵德。不过道家对大道有宏观的整体的把握，而其他各家则得其局部、守其一隅，在理解上确有不同，而这些不同乃是大道内涵的层次和实用之异，从根本上说彼此都是相通的。以物观之，肝胆楚越也；以道观之，百家一体也。

儒家创始人孔子追求的最高真理是"道"，"仁"处在"道"的隶属位置。他说："志于道，据于德，依于仁，游于艺"（《论语·述而》），其为学的层次是道、德、仁、艺，合于老子。他理想的社会是"齐一变至于鲁，鲁一变至于道"（《论语·雍也》）。孔子的社会人生最高目标都是道，故以"学道"、"弘道"、"行道"为己任，而人生的价值就在于得道，故曰："朝闻道，夕死可矣。"（《论语·里仁》）或曰：孔子之"道"，其义与老子不同。诚然，老子之道，超言绝象，虚隐无名，乃大道之形上本体也；孔子之道，仁礼互涵，修齐治平，乃大道之形下发用也。然而体用一元，有无相生，孔老实不可以分割而论之。老子之道既以无为体，又以有为用，故无为而无不为，故不离养生全身、爱民治国；孔子之道重实用而不离无为道体，故有伸有卷，有行有藏，有为达于无为，礼乐达于和美。《中庸》以为："道也者，不可须臾离也，可离非道也。"此种道说颇受庄子"道无所不在"（《庄子·知北游》）观点的影响。儒家重仁义，唐代韩愈用仁义解说道德，提出道统论，后之儒者以进入道统系列为荣，表现出儒家向道之心。宋明理学是儒家哲学发展的高峰，却又习称道学，因为它重道统，修道心，以太极为道，道论仍然是理学的理论基石。

中国人还用老庄道论的本体之学与直觉思维方式，去接引印度佛教，与之融合，再进而与儒学相融，形成中国佛教哲学。所以中国佛学无论在翻译还是在诠解发挥上，始终带有很深的道家印记。例如称佛法为佛道，称僧人为道人，称修习为修道，用清净空寂解释佛性，讲心境合一、体用合一，这里明显表露了道的精神。法家本无哲学，借重道家而成系统。韩非有《解老》、

《喻老》，崇道而重道。《解老》云："道者，万物之所然也，万理之所稽也。"道是宇宙的普遍本质，是万理的总体，故法依于道。管仲学派以道为万有之根本，《管子·内业》云："凡道，无根无茎，无叶无荣，万物以生，万物以成，命之曰道"，说明道不它生而能生物；《心术上》云："道在天地之间，其大无外，其小无内"。这两句话是阐述道的无限性的最彻底的语言，宇宙有多大，道就有多大，元素有多小，道就有多小，道是无限大和无限小的统一。兵家哲学，以道为先。《孙子》论"五事"："一曰道，二曰天，三曰地，四曰将，五曰法。"（《计篇》）李靖答唐太宗问兵法时亦有相类的说法。所谓兵家之"道"，是指战争中那无形而深层的法则，它不直接参与军事活动，却能决定战争的成败，如战争的正义性，民心之向背，军心之齐散，政治形势之顺逆，以及战争中变化莫测、无形可察的总是隐蔽起作用的规律性。《淮南子·兵略训》说："兵失道而弱，得道而强；将失道而拙，得道而工；国得道而存，失道而亡"，"所谓道者，体圆而法方，背阳而抱阴，左柔而右刚，履幽而戴明，变化无常，得一之原，以应无方，是谓神明。"用兵之道，可体察而难言说，唯变所适。中国兵家重道崇德，故战略学发达，讲究义战和不战而屈人之兵。名家虽极少论道，然而道的观念亦贯通其中。惠施"历物之意"的第一事说："至大无外，谓之大一；至小无内，谓之小一"，此即是从宏观和微观两个角度说明道的无限性，对后世产生极大影响。医家理论亦多仰仗道家，医典《黄帝内经》托名黄老，可知与道家渊源之深。书中论至人"淳德全道，去世离俗，积精全神"。所谓"全道"即是得道，乃道家理想人格。总之，各家大都以道为尊贵，以得道弘道为盛业。

至于普通中国人，不论哪行哪业，都在日常生活中把"道"作为最高价值尺度，于是"道"竟成了中国人心目中真理的代名词。凡探求宇宙奥秘、人生真谛的努力，称之为求道、学道；有所收获，称为阐道、悟道、体道；有所推动发扬，称为弘道、行道。中国人大都相信宇宙虽无主宰神，却存在着作为最高真理的道，有理想的人应该修道，勤奋有方则可以得道，于是"道"便成了一种普遍性的信仰，我们可以称之为"道主义"。老子说："大道泛兮，其可左右。"（三十四章）道是开放性的，可以包容一切，故济益天下而莫之能辞。

## 二  大道一本而多元 异途而同归

　　道是体用、有无、一多的统一。从道体看，道是无，是一；无则涵虚无名，寂然无形，一则独立无对，混然无分。从道用看，道是有，是多；有则形名俱在，生意盎然，多则万千气象，无一类同。老庄道家，为表现大道的丰富性，常就其多层内涵，分而述之，然而终归于一体。后世君子，不明分合之理，执其异而忽其同，破碎大道，往而不返，这与大道寓一于多的精神不合。

　　哲学有四论：发生论、本体论、价值论、修身论。在西方人思想中，除了基督教神学可以将四论统为一体外，一般哲学的四论则分而难合。在西方，宇宙发生论与自然科学紧密相连，后来竟归于自然科学，流行的学说有康德星云说、基督教上帝创世说、近代的宇宙大爆炸说。在宇宙本体论方面，有古代原子论，近代理念说、物质说、基本粒子说。在人文价值和道德理念方面，有个人主义、人本主义、社会主义诸说，与发生论、本体论了不相关。许多西方哲学家认为，发生

论

道

论、本体论是科学的范围，靠理性解决；而价值与修身属信仰与情感，必须依赖于宗教，或单独另立一人文学说，遂形成科学与人文的对立。他们没有提出一个概念，能够把事实世界与价值世界打通，只有诉诸上帝。中国道论则不同，融知识与信仰为一体，通客观与主观而混之。天人合一，根基于道，故宇宙发生论、宇宙本体论、社会价值论、人生修养论都以道为中心，自然贯通，合则皆立，分则皆失。

四论为什么能在道的基础上复通为一呢？关键在于大道是宇宙生命的泉源和动力，它当然也是社会和人生成长的生机和活力。以道为基石的中国哲学是生命哲学，它的发生论也就是生成论，本体论也就是生理论，价值论也就是生趣论，修身论也就是生育论。换句话说，发生论要回答物品和生命的起源问题，本体论要回答物品与人的存在与发展的生命动因问题，价值论要回答生命的意义和目标问题，修身论要回答如何强固生命、提高生存质量的问题，总之，万变不离生道，故可混而为一。

在"道通为一"的前提下，要多层次揭示道的内涵，使它的丰富性、立体性得以展现，以下从哲学四论加以分疏。

# 三　　宇宙生成于道 —— 道的发生论

中国人一般不相信神创世界说，而是朴实地认为天地万物来源于混沌不分的原始状态，原始世界逐渐分化，才形成林林总总的事物和现象。民间传说中常有混沌生天地的说法。老子的发生论正是把先民的朴素观念上升为理论。老子曰："道生一，一生二，二生三，三生万物。"（四十二章）"道冲而用之或不盈，渊兮似万物之宗。"（四章）"天下万物生于有，有生于无。"（四十章）这些是描述宇宙发生的最典型最明确的文句。第一句讲发生过程：无极之道本无一物，从涵虚恍惚中转生出混一之宇宙，是谓"一"；混一之宇宙又分化出天地阴阳，是谓"二"；天地阴阳交感絪缊而成和气，是谓"三"；和气聚散升降，分化出品类众多的万物，是谓"三生万物"。第二句说明道具有无穷尽的连续的创生能力，现存的一切事物都根源于道。第三句标明道的原始性，没有任何规定性，故称为无，但无不是零，是生机潜在的状态，包含着有形世界的

论

道

因子，故无能生有。

庄子发挥老子的思想，则有《大宗师》的发生论："夫道，有情有信，无为无形；可传而不可受，可行而不可见；自本自根，未有天地，自古以固存；神鬼神帝，生天生地；在太极之先而不为高，在六极之下而不为深，先天地生而不为久，长于上古而不为老。"庄子特别指明道"自本自根"，它是第一宗祖。《周易·系辞》云："易有太极，是生两仪，两仪生四象，四象生八卦"，这是讲卦象形成过程，兼有宇宙发生论的意味，无疑是受到了道家的影响。《吕氏春秋·大乐》云："万物所出，造于太一，化于阴阳"，又云："太一出两仪，两仪出阴阳，阴阳变化，一上一下，合而成章。""太"者无上之谓，"一"者未分之称，"太一"相当于老子的"道生一"。《淮南子·天文训》曰："道始于一，一而不生，故分而为阴阳，阴阳合和而万物生。""道生一"和"道始于一"略有不同；前者就由无生有而分言之，后者就无与有而混言之，同谓之玄，故道亦可称为一。从此以后，道家的宇宙发生论扩展而为整个中国哲学的宇宙发生论。宋明理学奠基人周敦颐著《太极图说》，谓："无极而太极。太极动而生阳，动极而静，静而生阴。静极复动。一动一静，互为其根。分阴分阳，两仪立焉。阳变阴合而生水火木金土，五气顺布，四时行焉。""乾道成男，坤道成女，二气交感，化生万物。万物生生，而变化无穷焉。"无极即是道，太极即是一，无极是道的本然状态，太极是道的混然状态。上述说法与老子发生论一脉相承，只是更加丰富了，其基本公式即太极→阴阳→五行→万物→人类，这是后期儒学都承认的。

宇宙发生论在古代是哲学问题或宗教问题，到了近代，它日益成为自然科学问题，称之为宇宙论。上帝创世说之荒诞不经已成为共识，就连许多神学家亦不得不以寓言对待之。近现代宇宙论倾向于现存宇宙生成于未曾分化组合的基本粒子状态，而基本粒子又是变化莫测、难以名状的东西，但它包藏着生成有形宇宙的基因和动力，有些科学家认为这只能用中国哲学的"道"来表示。英国宇宙学家霍金提出"宇宙自足"的理论，这一理论被表述为"宇宙创生于无"的命题。由此可见，道的宇宙发生论尽管具有朴素的性质，但它在大方向上是正确的，经得起科学发展的考验，并且逐渐为世界所接纳，这是值得中国人引以为豪的。

## 四　　万物依赖于道 —— 道的本体论

哲学本体论要回答这个世界存在的根据，即存在之所以存在者。中国传统哲学称现象世界为"迹"为"然"，现象背后的共同本质为"所以迹"、"所以然"，这个"所以迹"、"所以然"便是道。作为本体论的道有三大特性：创生性、遍通性、有序性。创生性解决万物生存的动力问题，遍通性解决万物生存的互依问题，有序性解决万物生存的规则问题。道的创生性表现为宇宙生生不息，永不枯竭，如老子所说："虚而不屈，动而愈出。"（五章）这种宇宙所固有的永无止息的动能便是道，它超乎形象，却又内在实有。道的创生性是自然发生的，它不断地向万物提供生命的能量，但没有意志性和主宰性，"万物恃之以生而不辞，功成而不有，衣养万物而不为主"（三十四章）。什么是德？德者得也，万物禀受于道而获得的生命活力，也就是该物的物性，得之则生，失之则死。老子说"万物得一以生"（三十九章），"一"者道也，生力也，万物之生命系于此，故不可丧失。《庄子·知北游》曰："万物不得不昌，此其道欤。"《淮南子·原道训》曰："山以之高，渊以之深，兽以之走，鸟以之飞，日月以之明，星历以之行，麟以之游，凤以之翔。"可知"道"就是大自然时刻表现出来的创生造化之力。

遍通性是指大道可以与宇宙一切事物相贯通，从而使宇宙成为一个整体。我们这个世界是多元的，品类杂多，景象万千，但没有一种物象是孤立的，彼此间存在着直接或间接的联系，而联系的桥梁便是道。《庄子·渔父》云："道者万物之所由也。"《扬子·法言》云："道也者通也，无不通也。"道无所不通，因为它本身不是某物，非物故无滞，无滞故能通，能通故能为群有之本。严遵《老子指归》云："天地所由，物类所以，道为之元。""道体虚无，而万物有形；无有状貌，而万物方圆；寂然无音，而万物有声。由此观之，道不施不与，而万物以存；不为不宰，而万物以然。"王弼贵无论的逻辑亦与之相同，他在《复卦注》中说："天地虽大，富有万物，雷动风行，运化万变，寂然至无，是其本矣。""若其以有为心，则异类未获具存矣。"任何有限事物都不能成为宇宙万物的本体，只有超越一切有限性的道，才能包通万有而为天地万物之心。故

《齐物论》说："举莛与楹，厉与西施，恢诡谲怪，道通为一。"

有序性是指宇宙运动变化的内在稳定本质和运行规则，而道的有序性则是事物最一般的本质和最根本的规则。这个世界不是杂乱无章的，不是偶然性的堆积；在现象世界背后，在偶然性之中，有着某种稳定的规律性的东西，它看不到摸不着，却真实地存在着，它很深远，在暗中支配着现象世界和有形事物，这便是道。老子说"道者，万物之奥"（六十二章），又说"道常无为而无不为"（三十七章）。老子认为现象与本质常常相反，道的有序性正是通过相反的运动而表现出来，他概括为："反者道之动，弱者道之用"（四十章）。"反"的内涵十分丰富，包括相反相成、正言若反、物极必反、返本归初等含义。"弱"不是软弱而是柔韧，是指新生的前进的事物生命根基深厚，往往是外柔而内刚，总是胜过貌似强大、领先的旧事物，故曰："柔之胜刚，弱之胜强。"（七十八章）事物总是按照柔弱胜刚强的规律，以新陈代谢的方式，一代一代向前发展的。

关于现象与本质的关系，儒道两家习惯用道与器这对范畴来表述。老子有"朴散则为器"（二十八章）的说法。《易·系辞》明确说："形而上者谓之道，形而下者谓之器。"道是本质，器是现象；道是抽象，器是具体；道是本体，器是功用；道是一般，器是个别。张载云："无形迹者即道也，如大德敦化是也；有形迹者即器也，见于事实即礼义是也。"（《横渠易说·系辞上》）二程说："有形皆器也，无形惟道。"（《河南程氏粹言·论道篇》）朱熹则喜欢用"理"释"道"，说"理是道，物是器"（《朱子语类》卷二十四），又说"道亦只是器之理"（《朱子语类》卷七十七）。但道是众理之和，故又称太极。朱熹从体用、一多的角度论述道的本体论："盖至诚无息者，道之体也，万殊之所以一本也；万物各得其所者，道之用也，一本之所以万殊也。"（《论语集注·里仁》）由此可见，儒道两家在本体论上是相通的，对"道"的理解也比较接近。

# 五　人生的最高追求在得道 —— 道的价值论

　　道作为最高真理包括了天道和人道，它不仅是客观世界的源泉和本体，也是人的世界的价值源泉和最高价值尺度；不仅是认识的对象，也是信仰的对象。中国人大多相信宇宙有道，社会有道，人生合于它便是正道，偏离它便是邪途，所以总是以各种方式孜孜求道，充满了乐观执著的精神。完全的悲观主义和非价值论在中国缺少市场。由于有了道的信仰，传统的宗教价值论，即以上帝鬼神为价值源泉和尺度的观念，便渐渐失势，或被道的信仰所融化，使中国人既有信仰支撑精神生活，又不陷于宗教狂热，能在理性主义与信仰主义之间回旋。

道对于老子，既是客观真理，又是社会人生的最高境界，故尊而贵之。人道应法天道而为之，就是体现天道自然无为、大公无私、养育万物的本性。表现在社会管理上，有道之世没有压迫、没有战争、没有欺诈，人尽其才、物尽其用、安居乐业、各得其所，其特征是公正、淳朴、乐和。表现在人生追求上，得道之士应质朴无华、厚重内敛、谦和沉静、博大精思、慈爱利他、无私能容。庄子称得道之人为至人、真人、神人，其内在生命向外扩大，突破了个体躯壳的局限和世俗偏见的局限，使精神获得一种解放、自由，可以逍遥自在。于是庄子的道论便成为一种境界哲学、心灵哲学，它给人一种精神价值的导向。

儒家亦以求道为己任。其社会人生理想与道家有同有异，要皆不失求道之方向，亦追求社会的公正、和谐、安宁和人生的完美。《礼运》曰："大道之行也，天下为公。"孔子曰："唯天之大，唯尧则之。"（《论语·泰伯》）"老者安之，朋友信之，少者怀之。"（《论语·公冶长》）儒家认为有一个恒久不变的社会常道，它是人生的正确导航，故《中庸》云："道也者，不可须臾离也，可离非道也。"

在儒道两家影响下，中国人把道看成真善美的代名词，用"道理"表示真，用"道德"表示善，用"道艺"表示美。道理即是事理，求知在于明理，言行要合乎道理，否则即是无理。俗话说："有理走遍天下，无理寸步难行。""道理"已经成为普通人衡量是非的价值尺度。道德即是品德善行，这是做人的首要条件，有德者受人尊敬，无德人遭人斥骂。《中庸》以"仁、智、勇"为三达德，三者以仁为首，故人们称有抱负有做为之人为仁人志士。道艺指各种艺术和技能，但得道者已超出一般学问和技能的水平，而达到审美的境界。庖丁解牛，其"所好者道也，进乎技矣"（《庄子·养生

论道

327

主》），故能合于音乐舞蹈的韵律节奏，获得审美的享受。儒家的"孔颜乐处"乃是得道的审美感受，如朱熹所说，"其胸次悠然，直与天地万物上下同流，各得其所之妙，隐然自见于言外"（《论语集注·先进》）。

还有"道义"的用法，表示事情的正义性，即公正原则。孟子说："得道者多助，失道者寡助。"（《孟子·公孙丑下》）这里说的"道"即是道义，指事业要合乎潮流，顺乎民心，有益于大众和社会进步。宋明道学所谓的"道"，其重心不在宇宙论而在价值论，即在做人之道。按照周敦颐的说法，道学是"立人极"（《太极图说》），即确定做人的标准。

## 六　　完善自我依赖于道——道的修身论

儒道两家都认为人性本于天道，人心皆具道心，但道心为私欲、成见、世网所蔽，不能显现，故常偏离正道。须加以修炼，不断克除恶习，完善自己，最后达到与大道一体化，这样的人便是得道圣贤、有道君子。

道家修道的方式是形神兼修，后来道教内丹学发展为性命双修。一是修神或修性，就是克服伪诈，恢复纯朴，超越欲情，提高境界。老子提出的方法有："少私寡欲"、"致虚守静"、"和光同尘"、"慈俭不争"等。由于大道不可言说只能体悟，修道的方法恰与进学相反，"为学日益，为道日损"（四十八章），即是"减"的方法，既排除感性经验，也排除理性思维，然后直接去体验大道。庄子提出的方法有："坐忘"、"心斋"、"两忘而化其道"。总之，要通过消除世俗情感认知的一切局限性，使主体精神融化在无限的宇宙之中，达到天人合一的境界。二是修形或修命，就是祛病健身，养生长寿。道家最重养生之道，以促进生命的健康发育为要务。老子曰："载营魄抱一，能无离乎？专气致柔，能如婴儿乎？涤除玄鉴，能无疵乎？"（十章）第一句说形神相合，这是养生的根本原则；第二句说炼气，使身体柔韧，如婴儿般充满生机；第三句说炼神，做到反观内照。老子提出一系列养生要领，如"去甚，去奢，去泰"（二十九章），"知足不辱，知止不殆，可以长久"（四十四章），"治人事天莫若啬"（五十九章）等，目的是使生命"深根固柢"，而能"长生久视"。庄子养生，虽特重炼神，亦不忘炼形。他不追求长生，对生死抱着顺乎自然的态度，但也认为有道之人亦不轻死而乐死。应顺乎自然以尽天年，便须避免过分的情欲活动，"不以好恶内伤其身，常因自然而不益生也"（《德充符》）。所谓"益生"是指"外乎子之神，劳乎子之精"的浪费生命的行为。庄子通过庖丁解牛的寓言，昭示一条养生的真理："以无厚入有间"（《庄子·养生主》），即正确寻找自己的生存空间，避免与其他力量碰撞而受到伤害，从而生活得自由自在，"游刃有余"。庄子有鉴于大材之人因材得祸，无材之人因不材受害，提出"处乎材与不材之间"的处世哲学，真是用心良苦，虽比不上"与时俱化"的真人，亦不失乱世中避祸的良方之一。后来道教在老庄道论的基础上，根据道教教义的要求，发展出一整套内丹修道功法。其原理是"生道合一"、"逆修成丹"；其原则是"性命双修"；其步骤是"炼精化气，炼气化神，炼神还虚，炼虚合道"；而具体功法则千种百样，不胜枚举。目前社会上广为流行的各种气功，大都来自内丹，虽然精粗并存、良莠互杂，但主流还是好的，对于民众的治病健身起了积极作用。

儒家的修身，特重道德修养，亦以道论为基础。《中庸》说："天命之谓性，率性之谓道，修道之谓教。"

人性受于天命，其本然之性无过不及，理学家称之为"道心"，但禀气和积习不同，故人心有异，须加修养，使人心归于道心，这就是修道教化的作用。理学家推崇《尚书》十六字真传："人心惟危，道心惟微，惟精惟一，允执厥中。"朱熹认为修身的目标就是"必使道心常为一身之主，而人心每听命焉"(《中庸章句序》)。理学家亦很赞赏《易·说卦》上的一句话："穷理尽性以至于命"。程朱理学强调从穷理入手，陆王心学强调从尽性入手，遂有两大学派的分途。《中庸》云："自诚明，谓之性；自明诚，谓之教。"又云："尊德性而道问学。"张载认为"自明诚，由穷理而尽性也；自诚明，由尽性而穷理也"(《正蒙·诚明篇》)。以朱熹为代表的理学家偏重"道问学"，强调"即物而穷其理"，"至于用力之久，而一旦豁然贯通焉，则众物之表里精粗无不到，而吾心之全体大用无不明矣"(《大学章句补格物传》)。陆王心学家则偏重"尊德性"，陆象山强调"先立乎其大者"，"若能尽我之心，便与天同，为学只是理会此"(《陆九渊集》卷三十五)。王守仁的修养方法就是"致良知"，从静处体验，在事上磨炼，做到知行合一。朱熹的"吾心之全体大用"，陆象山的"与天同"，王守仁的"致良知"，皆是指体道明德的精神境界。总之，道心是儒家修身的基础，道德是儒家修身的内容，修道是儒家修身的途径。在这一基本理念指导下，形成一系列具体的修养方法，如：笃志而固执、反躬内省、慎独、从善改过、下学上达、讷于言而敏于行、推己及人、存心养性、诚意正心等。

## 七　结语

综上所述，我们分列了"道"的几个重要侧面，以此显示，"道"具有综合天人、贯通古今、统一体用、包容有无的品格。我们今天和未来若要建立新的哲学，不能不首先重视对"道"的概念的继承改造，从其丰富内涵中吸取营养。道的学说兼具宗教、哲学、科学的三重优点，而又无三者的偏失，很可以成为现代社会人们树立信仰的最佳选择之一。宗教能形成巨大的精神力量，给社会道德和人生信仰以强有力的支持；但是单纯的宗教往往感情胜过理智，导致盲目信仰和宗教狂热。哲学有穷根究底的精神，表现理性智慧的高度光辉；但是单纯的哲学往往理智压倒感情，缺少投入和献身的精神；科学求真、实证、有效，是社会进步的有力工具；但是单纯的科学只是工具理性，不能顾及人文的目的和价值。然而道的学说可以把三者贯通起来。道的学说充满着理性的智慧与冷静的思考；同时又有着淑世的情怀和玄妙的意境，可以成为认识世界的工具，亦可以成为一种信仰，使感情有所寄托；作为修身的方法，它又有实践的可操作性，使人们感到亲切有益。近现代一些西方科学家试图借用"道"的概念，重新建构科学理论模式。例如日本物理学家汤川秀树用"道"解释基本粒子，美国物理学家卡普拉用"道"解释"场"，诺贝尔奖获得者李政道用"道"解释"测不准定律"。这些迹象都表明，道的学说能与现代科学相容，能够走向世界，从而有可能成为沟通东西方文化的桥梁。道是广大普遍而无形的路，它可以通向四面八方。

# 道是不息的生命活力

## 一　道是宇宙的无限生机和能量

中国人喜欢说"求道"、"学道"、"明道"、"行道"、"弘道"，中国人相信宇宙、社会、人生中有终极的真理，它指示出一条最健康的路，那就是道。循此而为，是为有道；沿此而行，是为正道。那么道究竟是什么？老子说"道可道，非恒道"，可见道的真义是语言难以充分表述的。但他写的《道德经》五千言却透露出道的奥秘之所在，其实就在一个"生"字上。道的特点：一是能生万物而非他物所生，故曰："道生一，一生二，二生三，三生万物"，"万物恃之以生"；二是生生不息，永无止期，故曰："虚而不屈，动而愈出"，"緜緜若存，用之不勤"，万物皆有生有灭，而宇宙的生命是无穷的；三是生而不宰，寓于万有，故曰："生而不有，为而不恃，长而不宰"，道不同于兼造物主与主宰者于一身的上帝，"道法自然"，"衣养万物而不为主"。用今天的话语来说，大道就是宇宙无限的生机和能量，敬仰大道就是敬仰宇宙的生命。而宇宙的生命正体现为万物的生命，川流不息，多姿多彩。道家是生命的哲学，道教是重生的宗教，道文化就是生命文化，生命至上，生命是最高的价值取向，它的要义就是要求人们效法大道生生不息、生而不有的精神，去重视生命、热爱生命、保护生命、优化生命，让人与万物的生命健康发育、活泼自然。大道离我们不远，就在生活之中，凡是有生命的地方就有道。在我们周围的人们、动植物和整个的生存环境，凡具有活力、向上、愉悦、真实、和谐、尊严的生命，就是有道的生命，体现大道的光辉。凡出现僵化、枯萎、破坏、杀戮、伪诈、贪婪、争夺等一切有害于生命的现象，就是无道的状态，偏离了大道，灾难就会接踵而来。近代道学大师陈撄宁称道文化为"生本主义"，可谓得其真谛。

## 二　道昭示了人类文明发展的主要方向

人类文明由多民族多地域的文化组成，各有自己的特色和进路，同时又给人类文明不断增添普世价值的内涵，形成多样性的互补和共进。在人类社会发展过程中有前进，也有曲折和倒退，文明与野蛮交织，文化与愚昧并存。然而人类文明有一个共同的发展方向，那就是使个体的生命、群体的生命、万物的生命越来越顺畅健全，越来越幸福安康，使社会充满活力，使地球充满生机，而这就是大道所指引的方向。

以道治世，就必须坚决反对侵略战争和恐怖活动，防止核战争爆发，实行民族和解，推动文明对话，维护全体人类的生命安全。

以道治世，就必须以人为本，把群众的生命和健康放在第一位，尊重人权，实行民主，使百姓自化、自正、自富、自朴。

以道治世，就必须以民生为重，发展经济，改善全体人民尤其是弱势群体的生活，"损有余而补不足"，做到无弃人、无弃物。

以道治世，就必须高度重视安全，保障生产安全、医疗安全、学校安全、食品安全、交通安全、社区安全、旅游安全，把事故伤亡率降到最低点。

以道治世，就必须认真贯彻德、智、体、美、劳全面发展的教育方针，切实纠正忽视人格养成、片面追求升学率的应试教育弊病，使青少年在生理生命和文化生命两个方面都能生动活泼、健康快乐地成长。

以道治世，就必须保护环境、节约资源，维持生态的平衡和多样性，建设环境友好型社会，使美丽的地球长久地生机勃勃、仪态万千，成为人类宜居的家园。

总之，善待生命、提高生命可以成为社会文明程度的根本标志。

## 三　道给我们提供了养生的智慧和方法

每个人都珍惜自己的生命，希望活得幸福而长久。但不是每个人都真正懂得如何优化自己的生命，往往做出许多自损生命的蠢事，"虽智大迷"，令人惋叹。老子道学的养生之道教人处理好生命体面临的两大问题：一是生命体与外在事物的关系，二是生命体内部性与命的关系。

人不同于动物，一要生存，二要发展。财富的增加改善了物质条件，使人不仅能够维持生活，还可以享受生活。财富是劳动的结晶，名誉是贡献的回馈，权力是社会的责任，它们都应该用在改善民生、鼓励创造、利益社会上面，因此它们都是为人生服务的，它们本身不是目的。有些人不然，舍命求财、以身殉名、危己弄权，丧失了自我，使自己成为财奴、名奴、权奴，同时也在损害他人与社会。老子早就提醒人们，要好好想一想："名与身孰亲？身与货孰多？得与亡孰病？"生命与身外之物哪一个对人更重要？这是一个养生学的基本算题，对正常的人不成问题，但有些人往往利令智昏、名让心迷、权使性曲，丧失理性。古往今来不断出现的贪官、罪犯、野心家，总是损人害己，说明他们没有通过道家养生学的考试，有的至死不悟，真乃愚蠢至极。把名、利、权看得淡一点，不仅有助于养生，也能使人更明智地恰当地使用名、利、权，让别人受益。

道家认为人的生命是二重的，一是性，二是命。按照《性命圭旨》的说法，性是人的灵明慧觉，命是人的气血生身。陈撄宁大师说："性即是吾人之灵觉，命即是吾人之生机。"所谓"性"，实指人的心理生命；所谓"命"，实指人的生理生命。此二重生命俱健康，才能使整个生命体健康。由于环境污染、生活无度、竞争激烈、功利至上，现代人在心身两方面都患有许多新的疾病，需要加强心理和生理的治疗与调适。道家"性命双修"的养生之道，可以给世人以诸多的启示。性功重在炼神，使精神超然物欲，善良清静。命功重在炼气，开发生命潜力，充实生命能量。两者又互动相生，以生理变化心理，以心理变化生理，不断炼精化气，炼气化神，使生命层位渐次升高。同时还要内外兼修，功行两全，把养生与行善结合起来。道家养生，强调清心寡欲。人的欲望不可无，又不可过度，一旦泛滥，便如同洪水猛兽，冲击道德与法制，破坏人间的安宁。要处理好人与物的关系，心与身的关系，关键在于以道化解贪欲。老子说："罪莫大于可欲"，"化而欲作，吾将镇之以无名之朴"，庄子说："嗜欲深者其生机浅"。当代社会，功利主义流行，贪欲膨胀泛滥，社会深受其害，

道是不息的生命活力

健康深受其害，用道的生命智慧加以化解，使人真正找到生命的价值和意义，当是有效的处方。道的生命学不单可以增加生命的长度，也能加深生命的厚度，使生命有持久性、内含性和回弹力，有韧性有活力，有助于承受挫折和挑战。道的生命学还能扩大生命的广度，使"小我"变成"大我"，具有善利万物而不争的水德，"既以为人己愈有，既以与人己愈多"，此即是得道者的大生命。

## 四　　神仙是理想的生命状态

道家追求的神仙境界历来有不同解释。早期神仙家认为通过炼养，人能得道成仙，可以长生不死，变化神通。后期全真道放弃肉体长生的追求，而注重精神解脱，要义在消除心灵的烦恼与约束，如王重阳所说："真性不乱，万缘不卦，不去不来。"民国年间陈撄宁大师力图把仙学改造成为一种生命科学，企望用炼养的方式，把普通凡胎俗体升华为超常的有特异功能的高级生命体。从道教信仰者的角度，相信神仙实有、修道成仙，理应得到他人的尊重。从世俗学人的角度，则可以吸收道家神仙思想的营养，用哲学的方式，给予"神仙"以现代的创造性的解释，为人生之路提供一种健康的选择。

"神仙"可以解释为一种理想的生命状态。神仙有"四大"：大寿数、大功德、大智慧、大自在。

所谓大寿数，是指人通过内养外炼，达到身心俱健，保持良好的生活方式，活到八九十岁以上，做健康的老人，尽其天年，争取最后不是病死，而是老死。

所谓大功德，是指人要济世利人，为社会为民众做好事，不做坏事，还要做大好事，积大功德，使精神生命充实长久，这就是老子说的："死而不亡者寿。"

所谓大智慧，是指人要大聪明小糊涂，在物质利益和小事情上有不争之德，在大事情上能明辨是非，有洞察力，有预见性，有自知之明和知人之明，而且大智若愚，淡然自处。

所谓大自在，是指人要从容自然，乐观豁达，挥洒自如，心灵上始终保持自由逍遥的状态，不是应付生活而是驾驭生活，在繁忙中游刃有余，不断回归真朴与自然。

人如果做到"四大"，那么他就是现实生活中的活神仙，是值得人们敬仰和效法的。这样的生命境界是很高的，虽不能至，而心向往之，我们的生活就会变得更加美好。

# 老子学说的魅力

老学在中国历史上的影响几可与孔学并驾齐驱，它的影响及于学术、宗教、政治和文学艺术。在政治与伦理的领域不如孔学，而在哲学、宗教与艺术的领域则超过孔学。老学大大发展了中国人的理论思维和直觉思维，为形成东方所特有的智慧做出了贡献。

## 一 老子与先秦诸子百家

老子学说产生以后迅速在社会上流传，至战国中后期已经相当普及，先秦诸子多受其影响。可以说，老学为先秦许多学派提供了哲学基础和丰富的思想营养。

1.杨朱、列子、庄子以及稷下黄老学派，我们统称为先秦道家，他们的思想直接来自老子而又各有不同的发挥。他们都认为天道自然无为，人道顺其自然，追求主体在精神上的超越和自适。以庄子及其后学为例，庄子学说中的"道"继承了老学关于"道"是宇宙生命总源泉总生机的观点，而又着重用于对主体心灵的开挖，形成一种博大而又开放的境界，所谓"天地与我并生，万物与我为一"(《庄子·齐物论》)。老学强调矛盾的转化，庄学由此发展出"齐万物"、"齐生死"、"齐是非"的思想。老学尖锐地批判了宗法等级制度的仁义礼制，庄学进而更激烈地揭露了宗法主义的弊端，而有"圣人不死，大盗不止"，"窃钩者诛，窃国者为诸侯，诸侯之门而仁义存焉"(《庄子·胠箧》)等切痛之论。如果我们把《吕氏春秋》看作是具有道家倾向的综合性著作，那么其中对老子的推崇，对"道"和"法天地"的阐述，对"因而不为"的强调，对矛盾转化的重视，都直接受到老学的启示。

2.申不害、慎到、韩非等法家，皆可称之为道法家，他们的思想以老学为理论基础。申不害论君道无为，臣道有为，慎到贵因而重法，韩非重理而强调对立的斗争，皆本于老学而有所偏离。法家把老子的"不仁"（不偏爱）变为冷酷，把老子的策略思想变成阴谋权术，把老子的"无为而治"改造成依法管理，虽然有较大的转向，但借重老子却是事实，故韩非热心于解老喻老。

3.孔子、孟子、荀子以及《周易大传》，都或多或少接受了老子的思想。孔孟中的老学影响已述不赘。荀子关于"天行有常"的思想，关于"虚一而静"的思想，无疑来自老学。《周易大传》是儒道结合的产物，在理论思维上更多地借用老子，在思想倾向上则较多地表现儒学。孔孟没有系统的宇宙观，自《周易大传》才建立起天道之学。《系辞传》说："易有太极，是生两仪，两仪生四象，四象生八卦，八卦定吉凶，吉凶生大业"，这段话既是讲八卦产生的原理，也是讲宇宙衍生天地万物的过程。这显然是受启于老子"道生一，一生二，二生三，三生万物"的理论。《系辞传》所讲述的"易"的性质与作用，如"知周乎万物而道济天下"，"范围天地之化而不过，曲成万物而不遗"，"神无方而易无体"，"生生之谓易"，等等，都十分近似于老子的

"道"，其眼界和思维方式都是老子式的。形而上者谓之道，形而下者谓之器，用"形而上"说明"道"，也就是老子"大象无象"的意思。《文言》论述坤道"厚德载物"，"坤至柔而动也刚，至静而德方；后得主而有常，含万物而化光"，皆与老子所说的阴柔之性相符。可以说，无老子，即无《易传》。当然，《周易大传》是阴阳兼综的，讲"一阴一阳之谓道"，讲"阴阳合德"，"刚柔相推"，而以阳刚为主（"天尊地卑"），故其哲学既吸收了老子，又用儒学改造了老子。

4. 兵家。孙武是春秋末年人，约与孔子同时。其《孙子兵法》为我国军事理论的经典之作。书中隐约含有老子学说的影响，如说"上兵伐谋"，"不战而屈人之兵，善之善者也"，与老子"以无事取天下"（五十七章），"善胜敌者不与"（六十八章）相一致；又说"昔之善战者，先为不可胜，以待敌之可胜"，与老子"祸莫大于轻敌，轻敌几丧吾宝"（六十九章）相契合；又说"兵无常势，水无常形"与老子"上善若水"（八章），"而攻坚强者莫之能胜"（七十八章）有同工异曲之妙。孙膑约与孟子同时，著《孙膑兵法》，他认为战争关系国家存亡、人民安危，不可不慎，虽战必求胜，而"乐兵者亡，而利胜者辱"，这与老子慎战和胜而"勿美"的思想合拍；他强调取胜在于知"道"，这是将老子道论用之于军事；他又注意到多少、疏密、劳逸、饥饱、远近、快慢、虚实之间的相反相成和转化，无疑接受了老子辩证法的熏陶。《吕氏春秋》的军事思想、《尉缭子》以及后来中国兵家思想的发展，多与老子哲学的实用化有关。

## 二　老子与汉代道家和魏晋玄学

汉初，黄老之学盛行。在政治上去掉秦朝苛法，实行清静无为的方略，以利于社会休养生息。在理论上形成"因阴阳之大顺，采儒墨之善，撮名法之要"（司马谈《论六家要旨》）的道家学说，或称黄老之学。社会上流行《黄老帛书》（帛书《经法》、《十六经》、《称》、《道原》）的学说，其特点是以老子学说为基础，采各家之长，铸成新说。《黄老帛书》以"道"为宇宙的本源，提倡"雌节"，治国要"参于天地，合于民心"，明显地吸取和改造老子。西汉武帝初年，出现了淮南王刘安主编的《淮南子》，这部书"牢笼天地，博极古今"（刘知几语），集众家之说而归之于道，乃是西汉道家思潮的最高理论结晶。高诱在序中说："其旨近老子，淡泊无为，蹈虚守静，出入经道"，这是很对的。该书《原道训》专论"道"义，对老子天道自然无为和道化生万物的思想详加发挥；又反复申述不为物先、以无为用、清心寡欲的思想；其以柔克刚、祸福相生、利害转化等辩证观点多承接老子；又讲究把握事物深层本质，透过"迹"去认识"所以迹"，理性思维接近老子；《道应训》一篇凡引《老子》五十二处，是一篇别具特色的不完整的《老子》注释。当然《淮南子》又大量引证儒家，褒奖仁义，与老学有所不同，这是新的时代条件所使然。西汉还有司马谈、司马迁父子，"先黄老而后六经"（《汉书·司马迁传》）；还有严君平作《老子指归》，发挥老子的思想；还有扬雄作《太玄》，糅合老学与《周易》。东汉前期，王充作《论衡》，大力张扬老子天道自然无为的思想，用以批判神学，破除世俗迷信，自谓其天道之学"虽违儒家之说，合黄老之义也"（《自然》），并大量引物事以验其说。东汉后期有河上公《老子章句》，用气化学说补充老子的道论，更侧重养生之道。

魏晋玄学是道家思潮在新的历史条件下的一次复兴，尽管它兼综儒道，推崇孔子为圣人，但在骨子里是道家的精神。玄学前期重老学，后期重庄学。老子哲学给予以王弼为代表的玄学贵无论以巨大影响。何晏作《道论》首倡贵无，王弼注《老子》，认为天下万有以无为本，"将欲全有，必反于无也"（四十章注）。王弼是位思想深邃的大哲学家，他在更深的程度上阐发老子的思想，上升为一种系统的哲学本体论，从而发展了老学，并影响到宋明道学。

## 三　老子与道教

孔子与老子有一个很大的不同，就是孔子虽常被神圣化，但其基本形象是先师，是伟大的人物，不是天神；老子的形象是双重的，在世俗人和学者眼里他是古哲人，在道教徒眼里他是大宗教家和天神。老子被推尊为道教教主和三清神之一，五千言被推崇为道教的首位经典，受到广大教徒的顶礼膜拜，奉之为神明。这是有其多方面原因的，也有一个发展的过程。

第一，老子在被神化以前已经是久负盛名的中华民族古代文化的代表性人物之一，对社会上下具有很大的吸引力。《庄子·天下》称老子为"古之博大真人"，《吕氏春秋·不二》把老子放在天下十豪士之首，孔子在其后。战国中期以后出现的黄老学派，将人们推崇的中华始祖黄帝与老子并立，同尊为古代文化的创始人，反映了地区性文化的融合，即南方老学与北方黄帝信仰的结合，实际上是借黄帝之名，述老子之学。加上汉初黄老之学在政治上的成功，老子名声大振，他在与黄帝联名之中已经取得中华民族传统文化重要代表人的资格，而黄帝为传说中的人文始祖，老子为实有的圣哲。道教是在外来佛教的刺激下成长起来的，思想上与老子有相通处，它要建立民族本位的宗教以与佛教对抗，自己本来没有统一的教主，又需要确立这样的教主，教主的现成选择当然以老子为最佳人选。孔子与道教思想不合，故不取。

第二，老子在成为道教尊神之前，已经成为世俗宗教崇拜的对象，老子信仰在社会上层和下层都有所流行。汉初黄老之学中已经有崇拜的萌芽。老子是隐者，但名气很大，人们对他的传说中有许多神秘的成分。孔子称老子为龙，意谓神通变化而不可及。司马迁写《老子列传》时，已经传说老子活了一百六十岁，或言二百余岁，超出一般人甚远。天下好黄老者甚众。从西汉到东汉，黄老之学日益向宗教崇拜的方向发展。东汉前期楚王英"诵黄老之微言，尚浮屠之仁祠"（《后汉书·光武十王传》），楚王英并崇黄老浮屠，给黄老之学正式涂上宗教色彩。其时神仙方术之学已经把老子列为神仙。王充《论衡·道虚》批判当时的迷信说法，谓老子"寿命长而不死"，"逾百度世，为真人矣"。王阜作《老子圣母碑》云："老子者，道也，乃生于无形之先，起于太初之前，行于太素之元，浮游六虚，出入幽冥，观混合之未别，窥清浊之未分。"将老子看作"道"的化身，是先于宇宙的神灵。至桓帝，"宫中立黄老浮屠之祠"（《后汉书·襄楷传》），"设华盖以祠浮屠老子"（《后汉书·桓帝本纪》），又多次派人去苦县祭祀老子。当时人们将这种黄老崇拜泛称为"黄老道"。而早期的民间道教五斗米道和太平道，正是在这种气氛中把老子正式奉为本教神灵和把五千言奉为道教经典的。边韶作《老子铭》，谓世之好道者，"以老子离合于混沌之气，与三光为始终"，"道成化身，蝉蜕渡世，自羲农以来，世为圣者作师"，这个老子更像神仙。老子先是被称"太上老君"，后来三清尊神形成，又被称"道德天尊"。虽然老子不是道教最高位的神，次于元始天尊，但他是真正有影响的尊神，并兼有教主祖师的地位。随着道教的发展，老子的神异神通，愈加奇妙超绝，而有诸多宗教神话流传。张道陵被道教（特别是符箓派）尊为天师，但道教认为张道陵受命于太上老君，地位在老子之下。五千言则被道教尊为经，后称"道德真经"，始终列为群经之首。道士造作道书，多托言太上老君所授。

第三，老子学说为道教的理论和方法奠定了基础。道教的宗旨是长生不死、得道成仙，其理论根据是：大道具有永恒的生命活力，人经过炼养，生道合一，即可获得永恒的生命。对"道"的理解来自老子，故称道教。道教为求长生，必重炼养，其炼养术正是发挥了老子的养生之道，包括"致虚"、"守静"、"营魄抱一"、"专气致柔"、"玄鉴"、"玄同"、养生重"啬"等。道教炼养术纵有千变万化，其基本功夫在于清静守一。神仙家借重老子的养生论，而神仙之说又成为道教的核心信仰，故老子及其五千言始终处在道教信仰的中心位置。神仙思想已经超出了老子，因为它不只是养生养性，还要长生。不过道教后期的全真道，贬抑神仙黄白之术，着重于性命双修，追求精神境界的升华，使道教向道家返折，因而更重视老子的学术性。要而言之，老子哲学是一种崇尚生命的哲学，道教的炼养则是生命哲学的一种宗教化的实践，它与道家的养性养生，并行发展而又相互对立、相互渗透。"道者万物之奥"，五千言成为道教理论取之不尽、用之不竭的思想源泉。因之，老子被尊为教主也是顺理成章的。总之，老子是道教的导师，道教是老子的功臣。

第四，老子的人生态度给予道教以深刻的影响，这就是与世无争、淡泊名利又要济世利民、广施博爱，形成道教脱俗超迈又乐善好施的主流风格。道教界当然不乏利禄之徒、贪婪之辈，但这种人为教内外所共鄙夷，不能成为楷模风范。道教清修德高之士，都具有老子说的"微妙玄通"、"大直若屈"、"被褐而怀玉"、"常善救人"的风格和气象，而为教徒及世人所敬仰。从老子的脱俗，到道教的出世，两者之间有一条容易转化的通道，两者连在一起，便是道风仙骨。

# 四　　老子与中国政治

　　老子对中国政治的影响往往是深层的无形的。历史上明确以黄老为治者有汉初，其后许多王朝在建立之初也注重黄老之治，目的是恢复经济，巩固政权，虽在名义上皆尊尧舜之道、周孔之教，但在事实上却离不开老子，不能不以老学作为礼教的补充。主要是两个方面：一是社会管理与分工，二是政治斗争策略。根据老子的思想，统治者不应事事亲为，他的职责是明确社会分工，让大家各得其所，借众智众力以成国治，这就是司马谈《论六家要旨》所说的"因者君之纲也"，是"无为而无不为"在治国上的运用。"因而不为"、顺乎众性则治，刚愎自用、独断专行则乱。老子的思想当然不能取消君权，但对之有所限制，使君道和臣道有一定的分工，并减少对民众的过多干预，以利于社会正常运转。凡治世都重视社会上下与左右关系的调节，不致发生激烈冲突。老子使政治策略具有了哲理的基础，历代政治家都要懂得两极转化、以柔克刚、以退为进、因势利导、委曲求全的道理，否则必不能成就大事。中国政治家的成熟，赖儒学的熏陶而有事业心，赖老学和道家的智慧而有斗争的艺术。至于老子"欲歙固张"之说，本未曾教人以诡道，而后世有人将其变为阴谋诈术，老子不能任其咎。

# 五　　老子与中国文学艺术

我同意老子庄子是中国艺术之源的说法。庄子且不论，老子确实奠定了中国美学的基础，开启了中国文艺的传统，给予文艺创作与文艺欣赏以最深刻的影响，因此老子不仅是中国最早的哲学家，也是中国最早的美学家。

主要影响至少有三个方面。第一，以"道"为基础概念，建立了美学本体论，从而使一切形象美有了内在的根据。"无"的发现，也是内在美和精神美的发现。"大音希声，大象无形"（四十一章），最好的音乐在乐曲之外，最美的形象超乎形象。这希声无形之美便是道，便是宇宙生命的旋律。在老子看来，内在的生命活力是无形的，也是最美的，美就在于有生命。普通所谓的美，总是与恶（丑）连在一起，"美之与恶，相去若何？"（二十章）所谓"服文采，带利剑"一类，以戕害生灵为乐，是丑恶行为，"非道也哉！"（五十三章）只有"玄之又玄"的生物成物之"道"，才是"众妙之门"（一章）。这就给艺术家提出了一个发掘内在美、深层美的任务。艺术应表现宇宙万物的勃勃生机，表现对社会人生的关切，表现对生命升华的渴求，表现人格的伟大力量。中国艺术家的作品，即使表现重大苦难主题的，也总是给人以生的希望，或给人以生命超越的联想而不产生毁灭感。

第二，以"有无相生"为指导原则，形成中国艺术虚实并用，以实衬虚的创作方法。不追求有形的充实、完美和逼真，借形以传神，把广大的想象空间留给欣赏者，使读者从中回味无穷。绘画要画出诗样的意境，作曲要余音不绝，写诗作文要意在言外，都不能使人一览无余、穷尽底蕴。老子说："大成若缺"（四十五章），最完美的恰是不完美的，就是说只能通过有限来表现无限，通过局部来表现全体。

第三，在老子贵自然尚朴素思想的影响下，中国艺术形成了追求淡雅天真之美的传统，强调表现天然本色，于平淡之中见高雅，反对浓墨重彩、矫揉造作。

李白诗句"清水出芙蓉，天然去雕饰"深得老子之心。老子说"信言不美，美言不信"（八十一章）。艺术创作是作者真实情感的自然流露，文如其人，诗以寄情。不能不知愁味强说愁，亦不可雕砌辞藻、空洞无物。这里节录一段蒋和森说《红楼梦》的精彩小文，内中突出表现了老子精神对文艺的深刻影响。他说：

我仿佛又听到《红楼梦》里的音乐。

德国有一位作家说，音乐是"真正的诗"，是"艺术中的艺术"。但我觉得，使无声的文字在千万读者的心中勾起琴弦一般的回响，这才是最高的艺术。是的，《红楼梦》不仅是小说，也是诗，是无声的音乐，是抒情的哲学。它虽然迷濛一层空幻与虚无，然而却又是极其真实、极其深刻的人生图画。

有人说，萧伯纳的作品是伟大的惊叹号，易卜生的作品是伟大的问号。那么，我觉得曹雪芹的《红楼梦》既是伟大的惊叹号，又是伟大的问号，而且还是伟大的省略号。

书中人物刘姥姥说："这一顿螃蟹的钱够咱们

庄稼人过一年了！"这不是令人骇然的惊叹号吗？
"都云作者痴，谁解其中味？"这不又是令人思索
的问号？至于省略号，我是指这部书虽然没有最后
写完，然而却如英国诗人勃朗宁所说"不完全的才
是最完全"，它像断臂的维纳斯，依然是卓越的艺
术品，而且别有一种令人惋惜、引人遐想的艺术魅
力。更重要的是，这部小说写得深沉含蓄、概括广
阔，言有尽而意无穷。看似"儿女私情、家庭琐
屑"，然而却深有社会历史内涵。这种意不尽于言
外，不是可以称之为伟大的省略号吗？两个世纪以
来，人们已经对这部小说谈得很多了，似乎都是在
为这个省略号上的那些点点作解释。我看再过两个
世纪还是有话可说，还是取消不掉那些点点。至于
好事者欲成其"全"，企图为她接上断臂，那不过
是没有血肉、没有生命的假肢而已。

总之，把有限与无限高度艺术地结合在一起，
使之超越时空，涵盖万象，这也许是《红楼梦》的
伟大之处。

（《感慨万千说〈红楼〉》，载《光明日报》

1990.11.20）

蒋文无一字直接说到老子，却处处表现出老子哲学的精神，无一句提到《红楼梦》以外的中国文艺作品，却概括了中国文艺的一种伟大传统，我们可以从中领受到老子美学思想的精髓及其深远影响。

# 六　　老子与现代社会

老子思想中有某些消极和非现实的成分，例如复古倾向，企图取消矛盾（有些矛盾不能取消，硬性取消的结果，变成了回避矛盾），夸大无为和柔弱的作用（荀子说老子"有见于诎，无见于信"）等等，需要加以分析和批评。但无可怀疑，老子思想中包含着更多的具有持久生命力的真理，需要加以开发和运用。老子热在当代如此普遍和持久，并非人们发思古之幽情，其更深刻的原因在于现代社会需要老子的智慧。

老子思想对于现代社会的价值和意义是多种多样的，目前至少可以概括出以下几点。

第一，老子所批判的古代文明中物质生活进步与道德水准下降的矛盾现象，在当代更加突出，这就使老子的批判具有了超前性，好像是针对现代社会种种弊端而发的，足以引起人们的警惕和深思。长期以来，人类在才智上取得了突飞猛进的提高，然而在德性上却似蜗牛爬行，有时甚至倒退。德性上的矮子已经不能掌握才智上的巨人所创造的巨大能量，这种能量正在威胁着人类自身的生存。利欲熏心，尔虞我诈，权力膨胀，浮华躁进，道德虚伪，贩毒吸毒，心理失调，精神失落，以及战争、动荡、饥饿、污染，正在折磨着当代人类社会。老子提出的"镇之以无名之朴"和"为而不争"，可以促使人们从根本上进行反思，起到某种救弊补偏的作用，推动人性在更高层次上向真朴的复归。据蔡元培说，罗素佩服"为而不有"之说，以为可以扩展创造的冲动，减少占有的冲动。

第二，老子所提出的无为而治和由反入正等理论，可以为当代的管理科学和行为艺术提供丰富的思想营养，对于加强人际关系的调节能力与自我调节控制能力大有好处。当代社会管理上的重大困难之一是上下脱节，领导者不注意调整与下级的关系，造成紧张和失控。如何"以百姓心为心"，加强"不争之德"，学会"损有余而补不足"，学会"挫其锐，解其纷，和其光，同其尘"，调整好内部上下左右的关系，这是成为一个合格的领导者的必备条件。人们的行为要得到预期效果，必须适应变化多端的环境，善于处置复杂难测的事态，为此，掌握事物转化的条件，促使事物向有利的方向发展，无成式，无常形，学会以曲致全、欲取固与、以弱胜强、以无入有、图难于易、为大于细、慎终如始，是十分必要的，事情越复杂，越需要高水平的智慧和艺术地处理问题。

第三，老子哲学与现代思维科学和自然科学之间有着趋向一致、互为发明的关系，令人瞩目。例如，老子强调直觉思维，以为"为道日损"，"其出弥远，其知弥少"，人应"涤除玄鉴"，即是返观内照，通过直觉的体认，把握无形之"道"。现代科学家也重视直觉对于深化认识的意义。爱因斯坦说："没有什么合乎逻辑的方法能导致这些基本定律的发现，有的只是直觉的方法，辅之以对现象背后的规律有一种爱好。"诺贝尔奖获得者李政道博士说："从哲学上讲，'测不准定律'和中国老子所说的'道可道，非常道；名可名，非常名'的意思，颇有符合之处。"在中国哲学史的论著中，老子的"天下万物生于有，有生于无"的观点，常常遭到非议。然而英国现代宇宙学家霍金（S. W. Hawking）等人却在科学研究的基础上作出了"宇宙起源于无"的结论，同于老子。这个"无"完全不同于现有的物质世界，但又不是虚无，它包含着能量，能够产生出现存的宇宙。可知，老子哲学虽然出现在两千多年以前，却是可以常驻常新的。

# 老子其人其书

## 一　正确理解司马迁的《老子列传》

　　研究老子，首先要考定其人其书的大致年代，然后才能确定其学说的历史位置。我认为老子是春秋末期人，与孔子同时而稍长于孔子,《老子》五千言为老子所自著。这样看法的重要依据来自司马迁的《老子列传》。然而由于这篇传略简要且留有若干疑点，遂引起近世学界的不休聚讼，成为一桩不易厘清的公案。诸说纷纭，而根本性的分歧集中在两个问题上，即：是人书相合还是人书相分，该书早出还是晚出。相分说和晚出说亦以司马迁《老子列传》为立论依据，故正确理解《史记》关于老子的记载，成为考辨中必须解决的问题。为了论述方便，先将《老子列传》引录如下：

老子者，楚苦县厉乡曲仁里人也，姓李氏。名耳，字聃，周守藏室之史也。孔子适周，将问礼于老子。老子曰："子所言者，其人与骨皆已朽矣，独其言在耳。且君子得其时则驾，不得其时则蓬累而行。吾闻之，良贾深藏若虚，君子盛德，容貌若愚。去子之骄气与多欲，态色与淫志，是皆无益于子之身。吾所以告子，若是而已。"孔子去，谓弟子曰："鸟，吾知其能飞；鱼，吾知其能游；兽，吾知其能走。走者可以为罔，游者可以为纶，飞者可以为矰。至于龙吾不能知，其乘风云而上天。吾今日见老子，其犹龙邪！"老子修道德，其学以自隐无名为务。居周久之，见周之衰，乃遂去。至关，关令尹喜曰："子将隐矣，强为我著书。"于是老子乃著书上下篇，言道德之意五千余言而去。莫知其所终。

或曰：老莱子亦楚人也，著书十五篇，言道家之用，与孔子同时云。

盖老子百有六十余岁，或言二百余岁，以其修道而养寿也。

自孔子死之后百二十九年，而史记周太史儋见秦献公曰："始秦与周合，合五百岁而离，离七十岁而霸王者出焉。"或曰儋即老子。或曰非也，世莫知其然否。老子，隐君子也。

老子之子名宗，宗为魏将，封于段干。宗子注，注子宫。宫玄孙假，假仕于汉孝文帝。而假之子解为胶西王卬太傅，因家于齐焉。

世之学老子者则绌儒学，儒学亦绌老子。"道不同不相为谋"，岂谓是邪？李耳无为自化，清静自正。

司马迁在《老子列传》中记述了老子的生平和主要事迹，有以下几项需要作些说明。第一，关于老子的籍贯、姓名和官职。司马贞《索隐》曰："苦县属陈。春秋时楚灭陈，而苦又属楚，故云楚苦县。"据张扬明考证，李氏原为理氏，始于皋陶之子孙，本以官为氏，纣时改为李氏，春秋之世又改为里，而理、李、里三字通用，又姓氏不分，故太史公合姓氏而言（《老子考证》）。"耳"是其名，"聃"字据张守节《正义》云："聃，耳漫无轮也"，因以为字。"老"者，寿考之称，"老聃"者尊其年老，标其耳长，故合而称之。先秦典籍无不以"老聃"称之。至庄子起称"老子"，盖弟子尊师之意，后世沿袭之。司马贞《索隐》说："按藏室史，周藏书室之史也。又《张苍传》：'老子为柱下史'。盖即藏室之柱下，因以为官名。"刘向《列仙传》亦云："老子为周柱下史"。但今本《史记》的《张苍传》并无"老子为柱下史"之语，想系司马贞所见古本如此。此外，还有"周之大史"、"征藏史"之说，要之皆为同一官职，掌管周朝的图籍文件、四方之书，即今日之国家图书馆和档案馆的馆长。由此论之，太史公所记不误。第二，关于孔老关系。太史公对孔子问礼于老子深信不疑，故述其经过与对话较详。且于《孔子世家》中又记载之，云："鲁南宫敬叔言鲁君曰：'请与孔子适周'。鲁君与之一乘车，两马，一竖子俱，适周问礼，盖见老子云。辞去，而老子送之曰：'吾闻富贵者送人以财，仁人者送人以言。吾不能富贵，窃仁人之号，送子以言，曰：聪明深察而近于死者，好议人者也。博辩广大危其身者，发人之恶者也。为人子者毋以有己。为人臣者毋以有己。'孔子自周反于鲁，弟子稍益进焉。"按：敬叔生于昭公十一年，其时孔子二十一岁，若以敬叔二十至三十岁与孔子适周见老子，则孔子四十一岁至五十一岁。其时鲁国陪臣执国命，孔子不仕，退而修诗书礼乐，弟子弥众，而昔志不衰。《老子列传》中言老子以虚愚之说抑孔子之"骄气与多欲，态色与淫志"，正说明其时孔子富于进取，当在中年，不应在周游列国之后。又言孔子见老子后向弟子称赞老子，则其时孔子已招徒授业，不会很年轻。所谓孔子年十七问礼于老子似不可信。《庄子·天运》云："孔子行年五十有一而不闻道，乃南之沛，见老聃。"地点不合，但年龄相近，当有所据。《史记·仲尼弟子列传》说："孔子之所严事：于周则老子"，则孔子以师位尊老子。三处资料皆能相合。以情理推论，老子见孔子当在六七十岁之时，其时老子知礼而已厌礼，正在引退之前，故为隐遁无为之言以警世人。《老子列传》与《孔子世家》所记孔老相见，当是同一事件，又互为补充，太史公写交叉事件常用此法。从老子谈话内容上看，中心意思是虚无为本，明哲保身，合于老子本旨。第三，关于老子出关及著书，老子西去过关，一般认为是函谷关。高亨说："盖秦末汉初，关字用为专名，通指函谷关"（《老子列传笺证》），汪中说："秦函谷关在灵宝县，正当周通秦之道"（《述学》），此说可取。"关令尹喜曰"，据刘汝霖说，令尹乃楚官名，周秦无之，且先秦诸子书有称"关尹"或"关尹子"者，无"关令尹"或"关令尹喜"之称谓，可能后人妄增"令"字，原文当为"关尹喜曰"，即关尹（守关之官）喜悦而发言。关尹为谁，其姓名已隐，后世遂以官职称之。《庄子·天下篇》言"关尹老聃"同为"古之博大真人"，《吕氏春秋·不二》有"关尹贵清"，《汉书·艺文志》有"关尹子九篇"，即其自著书。则关尹当为一隐于官的学者，其学近于老子，故见老子来而喜，求其著书。太史公明白地说："于是老子乃著书上下篇，言道德之意五千余言而去"，便知《老子》一书是老子亲手撰著，并且一次完成，共五千余言，中心是讲道德。为"上下篇"者，一篇言道，一篇言德，不分章，这正是汉初以前古本《老子》的面貌，已为韩非《解老》和帛书《老子》所证实。第四，关于老子的生卒年。以老子长于孔子二十岁计，则老子之生，约在公元前五七一年。老子卒于何时何地呢？太史公说"莫知其所终"，但又说"盖老子百有六十余岁，或言二百余岁"。老子出关入秦以后，隐居不问世事，故其卒年无明文记载，但他的名声早闻于世，有人不断关心他，故时有传说流行于世。《庄子·养生主》说："老聃死，秦失吊之。"陆德明《经典释文》云："秦失本又作佚"。释道宣跋孙盛《老子疑问反讯》说："老子遁于西裔，行及秦境，死于扶风，葬于槐里"，可备一说。老子善于"修道而养寿"，乃一古代卓越养生专家，未必能活到二百多岁，但活到一百六十多岁是完全可能的。

《老子列传》有传疑之言，也有失误和游移之词，遂引起后世的纷争。歧说的出现，可以说是事出有因，但查无实据。第一，关于老莱子的记载。太史公因老莱子亦是楚人，言道家之用，于是将他作为附传写入老子列传。有的学者据以证明老子即老莱子，实在是误解了太史公。太史公一曰"老莱子，亦楚人"，二曰"著书十五篇"，其意甚明，都是在首肯了老子的前提下，才述及还有个楚学者，也写了书，是十五篇，老莱子不是老子已很清楚，不应引起误会。《汉书·艺文志》中亦将老子与老莱子的书分别著录，决不混淆。第二，关于周太史儋的记载。《老子列传》将太史儋见秦献公的时间定为孔子死后一百二十九年，这一年是秦孝公十一年，显然是弄错了。同一件事在《周本纪》、《秦本纪》中都有记载，都记为秦献公十一年，即公元前三七四年，又与《封禅书》所记相同，这一年是孔子死后一百零五年。太史公把太史儋作为附传列入老子传，是因为社会上有"儋即老子"的说法，存之以为后人参考，并不真正相信，故用"或曰"加以存疑。罗根泽将这一司马迁也怀疑的说法加以充分肯定，谓太史儋即老子；聃与儋音同字通；聃为周柱下史，儋亦周之史官；老子西出关，太史儋见秦献公亦必西出关；太史公述老子之子孙世系，若从儋算起，则俱妥帖（《老子及老子书的问题》）。关于老子后代世系问题留待下文再说。罗氏前三条理由皆是推论之辞、类比之论，很难成立。古文献常通音假借，但"聃"与"儋"之互借别无旁证，只是一孤说。"聃"借为"耽"则有《吕氏春秋》可证，《不二》篇即书"老耽贵柔"。老聃是周之守藏室史，儋则是太史，虽同为史官而职位不同，不得混而为一。老子西出关是由于世衰德薄而弃职隐于秦国，不再预于政事，决不会去见秦献公等王公贵族；而太史儋见秦献公乃政界来往。西去虽同，抱负不同，不得相混。最重要的一点是：太史儋见秦献公所言，是一种历史离合论，又特标霸王之道。与倡导回到自然古朴和清虚自守的老子相比，其思想之深浅与品格的高下，固不可以丈尺计，老子非太史儋决然无疑。第三，关于老子的后代问题。按太史公的说法，老子之后，第二代是宗，宗为魏将，第三代是注，第四代是宫，第五代是宫子，第六代是宫孙，第七代是宫曾孙，第八代是宫玄孙假。假仕于汉孝文帝，第九代是解，解为胶西王太傅。梁启超认为，孔子十三代孙孔安国，当汉景帝武帝之时，而与老子八代孙同时，未免不合情理。冯友兰亦认为假定孔氏的人都寿短，而李氏的人都寿长，不合情理。若从孔子生年算起，至汉景帝末年，四百余岁，九代则平均四十四岁，十三代则平均三十六岁，这两者都是可能的。老子长寿而有遗传性，其养生术亦可传之子孙，故老子后人皆长寿是有可能的。反之，据《孔子世家》，由孔子至孔安国，除子思年过六十，余均未及花甲而亡，内有三世年未及五十，因此老子的九代孙与孔子的十三代孙同时未足为怪。章太炎指出，魏文侯元年，去孔子卒才五十五年，老子之子宗为魏将是可能的（《古史辨》第四册），更何况魏为三晋之一，早已有诸侯之势，亦可有将治军。（以上参考张扬明《老子考证》）

总之，司马迁的《老子列传》是我们讨论老子其人其书的时代的第一位史料根据。到现在为止，还没有出现新的资料和新的论据足以推翻它。由于老子是隐遁晦光的人物，有关记载很少，司马迁收集不到更多的资料，为老子立传时不得不简略从事，有的地方采取模糊的手法，但对于老子是春秋末年人、著有五千言这一基本事实还是写得清楚明白的。后世疑老的种种见解很多是没有认真研读和领会司马迁的原意而引起的误会，或者是取其一点不及其余，不能全面地对待《老子列传》。下面我们将从多方面论证，司马迁关于老子生平及著书的记载符合历史的真实。

## 二 春秋末年说的论据

1.孔子向老子请教并接受了老子思想的影响。孔子学于老子，是道儒两派共同接受的历史事实。《庄子·天道》载，孔子"往见老聃，而老聃不许（指藏书于周室），于是繙十二经以说"。《庄子·天运》载，"孔子行年五十有一而不闻道，乃南之沛，见老聃"。《庄子》寓言十九，其具体情节当然是本着扬老抑孔的精神编造的，不可据为信史。但《庄子》所言人与事，亦非全为子虚乌有，是有所据而发挥，是在深信老子与孔子为长晚辈的关系和孔子曾向老子请教的前提下构造寓言的。同时，孔门后学亦不讳言孔子学于老子，《礼记·曾子问》就有四则记载。一则记述孔子自谓闻诸老聃，论天子崩诸侯薨之祭礼；二则记述孔子从老聃助葬于巷党，遇有日食，老聃论当行之礼；三则记述孔子自谓闻诸老聃，论史佚葬子之礼；四则记述孔子自谓闻诸老聃，论三年之丧。《礼记》当是战国至汉初的作品，《曾子问》作者把老子描述成礼学专家，如同《庄子》作者把老子描述成放浪形骸的神人一样，都是用本学派的世界观来改铸老子，亦不必据为信史。但《曾子问》的作者决不怀疑孔子曾求教于老子，因为那是当时社会学界公认的事实，故托其事而述己之教，以便博得人们的信任。具有道家倾向的综合家作品《吕氏春秋》明言"孔子学于老聃"（《当染》），在叙述先秦学派时，云："老耽贵柔，孔子贵仁，墨翟贵兼"，是按老、孔、墨的顺序排列的，反映了三家的历史次序。《吕氏春秋》编著于战国末年，作者队伍集中了全国各地各派的学者，故其孔子学于老子的记述可以代表整个学界的共识。

孔子自己没有言及老子，《论语·述而》有"窃比我于老彭"的话，马叙伦以为老彭即老子，这个问题一时不易断定，但孔子的思想确实受到了老子的影响。如，《述而》："亡而为有，虚而为盈，约而为泰"，正是对老子思想的表述；《泰伯》记曾子语："有若无，实若虚"，与老学精神亦很相似。《卫灵公》："子曰：'无为而治者，其舜也与？夫何为哉？恭己正南面而已矣。'"无为而治正是老子政治思想的基调，孔子以舜为贤君，是他的理解，说明孔子对老子有继承有改造。《宪问》："或曰：'以德报怨何如？'子曰：'何以报德？以直报怨，以德报德。'"《老子》六十三章有"报怨以德"，孔子认为此提法不妥，改为以直报怨，正是针对老子的说法；《述而》："子曰：'三人行，必有我师焉。择其善者而从之。其不善者而改之。'"《老子》二十七章有"善人者不善人之师，不善人者善人之资"，正可以互相发明。（以上参考周少吾《老子考辨》）其他如"用行舍藏"、"吾与点"等，皆为道家精神。故老子为师辈、孔子为晚生的论断，可以成立。

2. 先秦诸子多称引或本于《老子》，故《老子》不可能晚出。学界有谓《老子》成书于秦汉之际或更晚者，楚简和帛书《老子》出土，此说不攻自破，无需多说。问题在于《老子》成书能否晚于战国初期或中期。在古代的社会条件下，一种学说能够流传于世，得到许多学者的引用，绝非一朝一夕之事，而要经历相当长的过程。从先秦各家引述老子的时间推断，其书必定早出。据蒋锡昌考证，古代引《老子》最早者有四人：叔向、墨子、魏武侯、颜触。叔向曰："老聃有言曰：'天下之至柔，驰骋天下之至坚。'又曰：'人之生也柔弱，其死也刚强。万物草木之生也柔脆，其死也枯槁。'"（《说苑》卷十）墨子曰："故老子曰：'道冲而用之，有弗盈也。'"（《御览·兵部》五十三引）魏武侯曰："故老子曰：'圣人无积，尽以为人，已愈有，既以与人，已愈多。'"（《战国策·魏策一》）颜触曰："老子曰：'虽贵必以贱为本，虽高必以下为基，是以侯王称孤寡不穀，是其贱之本与非？'"（《战国策·齐策一》）按：叔向与孔子同时。墨子为战国初期人，其卒年上距孔子之卒九十一年。魏武侯稍晚于墨子，其卒年上距孔子之卒一百零八年。颜触更晚一些，是齐宣王时人，约与孟子同时。据此，孔子同时及稍晚者已见到《老子》，可知该书必为年长于孔子的老子所作。

庄子与梁惠王、齐宣王同时，"其学无所不窥，然其要本归于老子之言"（《史记·老子韩非列传》）。申不害是韩昭侯时人，"申子之学本于黄老而主刑名"（同上）。"慎到，赵人，田骈、接子，齐人，环渊，楚人，皆学黄老道德之术，因发明序其指意。"（《史记·孟子荀卿列传》）宋钘、尹文，《汉书·艺文志》有《宋子》十八篇，"其言黄老意"，而尹文又与宋钘俱游稷下，亦是道家人物。杨朱，早于孟子而为孟子所斥，《庄子》书中屡次提到杨子是老子的弟子。还有列子，《庄子》书中亦多记述其事迹。《吕氏春秋·不二》说："子列子贵虚，陈骈（即田骈）贵齐，阳生贵己"，根据《庄子·天下》和《史记》的说法，我们还可以加上：宋尹贵宁，慎到贵顺，申子贵形，庄周贵化，要之，皆是老子之学的支脉，将老学的一个侧面作了继承发挥。这些本于老学的学派，可以分成三大支：一支是庄子学派，把老学引向主体心灵哲学，发展了老子对宗法主义的批判精神；一支是申不害、慎到学派，把老学引向法家，至韩非而集其大成；一支是稷下黄老学派，把老学引向与阴阳思想、儒家思想相结合的道路，遂成为一种综合性的治国之术，《吕氏春秋》和《黄老帛书》(指《经法》、《十六经》、《称》、《道原》四篇古佚书)是代表性作品。这三支学派都起于战国中期，或稍早一些时候。例如杨朱、彭蒙(田骈师)、列子等人就早于孟子和庄子。据《六国年表》，郑国灭于公元前三七五年，而申不害曾为郑之贱臣，则其亦早于孟子和庄子。老学是先秦道家的总源，其余诸派都是支流，依此而言，老学一定很早就发生，至战国中期已广泛传布。既然叔向、墨子已称引老子，则老学必发生于春秋之末无疑。

　　3.《老子》书的时代色彩表明它形成于春秋末年。三十八章云："失道而后德，失德而后仁，失仁而后义，失义而后礼。夫礼者，忠信之薄而乱之首。"论者以为其说恰与战国时期道德论之演变若合符节，且《老子》鄙斥仁义礼学，正是对孔孟儒学的批判，故应晚于《论》、《孟》(蒋伯潜《诸子通考》)。我意与之相反。此段恰恰具有春秋末年时代特色，而不是战国。说得更确切一点，老子并非在论述战国道德论之演变问题，实乃站在春秋末年的历史路标处回溯整个古代社会的演变。按照老子的观点，上古社会上下无为而道德普存，无善恶之分，亦无教化之必要；中古社会纯朴已散，大道废而有仁义，表彰忠孝以救其弊；近古社会仁义也开始变得虚伪，只能用"礼"来约束社会行为，然而礼已徒具形式，常常开启祸乱之端。这正是孔子时代的特征。孔子感慨天下无道，未见好德如好色者，即所谓"礼坏乐崩"，他要用仁德之教来弥补礼仪之失。虽然礼乐征伐自诸侯出已属无道，毕竟还以礼乐为号召。老子的话和孔子的言论，其时代特征完全一致。到了战国时代，"礼"的形式已不复存在，那就是"失礼而后力"了，如韩非所说："上古竞于道德，中世逐于智谋，当今争于气力。"（《五蠹》）至于老子是否批判孔孟的问题留待下文再说。

《老子》六十一章说："大邦以下小邦，则取小邦；小邦以下大邦，则取于大邦"。"大邦不过欲兼畜人，小邦不过欲入事人。""取"，聚也，大邦聚小邦，小邦聚于大邦，两者各得所欲，乃是春秋五霸时情景，其时大国以称霸为目标，虽有以灭国为能事者，但人们称赞这样的大国，它们对于小国是慑服不是占有，而且给予保护。战国时期情形不同，强国兼并弱国，以消灭为荣耀，谈不上谦下外交，无法各得所欲。而且《老子》多用"邦"字（据帛书），正与《论语》同。而《孟子》、《荀子》、《韩非》皆不用"邦"而用"国"，这正是社会由邦域氏族集团走向城域国家的反映。

还有，春秋时代虽然战争不断，但为战者讲求师出有名，或挟天子令或扶小国危，以义为重，攻心为上，后发制人，故有齐桓公九合诸侯不以兵车，故有《孙子兵法》。楚庄王认为武（即军事）有七德：禁暴、戢兵、保大、定功、安民、和众、丰财，武力不能滥用（《左传》宣公十二年）。故《老子》有"果而勿骄"（三十章），"兵者不祥之器"（三十一章），"抗兵相若，哀者胜矣"（六十九章），"兵强则灭，木强则折"（七十六章）等言论。战国时期各国鼓励耕战，讲求富国强兵，"争地以战，杀人盈野；争城以战，杀人盈城"（《孟子·离娄上》），其时可以说是"兵强则胜"。孟子也反战，但他只是批判兼并战争的非正义性，并不否认兵强则胜的事实。老子所说的"兵强则灭"和"哀兵必胜"等论断与战国的实际相差太远，老子的话只与春秋时期的气氛相吻合。

## 三　　若干疑老说驳正

1. "《老子》反对礼，孔子却问礼于老子，两相矛盾，故书人非一。"这是把"悉礼"与"斥礼"混为一谈了。老子官为周守藏室史，掌管历代礼典图籍，当然深通礼的知识，孔子适周而向老子问礼，在情理之中。但悉礼者未必是"谨于礼者"（汪中语），恰恰相反，老子熟通礼典而后知其弊端，又鉴于礼微政衰，对于礼治丧失了希望，故而反戈一击，口诛笔伐，而能中其要害。老子回答孔子时，非但没有褒奖礼治，反而斥之为已朽之论，其提示以清静无为之道，与《老子》书的宗旨相符。在这之后，老子去官而西，隐居秦野，正表示了对礼教的厌弃。至于《曾子问》关于老子用礼的文字，乃儒者之再塑，不可为据。

2. "《老子》批判的仁义礼制，恰是孔、孟、墨的学说，故该书应成于儒墨之后。"儒墨俱道尧舜，共崇仁义礼制，但尧舜之道、仁义礼制之事却不是儒墨形成时才有的，其来已久，至孔孟形成系统的学说而已。《老子》书中只引古语，无一句提及儒墨两家和先秦诸子，因为它的时代较早。德治思想在殷代已有，至周公形成较完备的治国之道，其基本原则是"敬德保民"、"以德配天"、"明德慎罚"，同时发展出一套礼乐行政制度。以德治配合礼治，这就是周代留下的政治遗产，孔子说："周监于二代，郁郁乎文哉，吾从周。"（《论语·八佾》）他所赞美的周代文化，其主要内容即在于是。但是这一套德治兼礼治的治国方略在平王东迁以后便逐渐出现危机，五霸迭兴，王权旁落，臣弑君、下犯上，不义之战无时不有，托礼乐以坏礼乐，窃仁义而害仁义，故诸子之学兴，皆忧虑天下而有以救世也。孔子挽救世道的方法是恢复传统德治和礼治的精神而改良它们的具体形式，用仁学正人心淳风俗，先从正君王之身始。老子挽救世道的方法是抛弃仁义礼制，实行无为而治，使社会回到原始朴素状态，故有批判德治礼治之言。孔老皆因世衰道微而兴其学，并非孔先而老后。

3."孔子之前无私人著述，《论》、《孟》之时尚无韵文，故《老子》当晚出。"许多学者早已指出，不应先入为主地把孔子看成是开私家著述风气的第一人。孔子之同时有《孙子兵法》（孙武子），之前有《竹刑》，何以老子不能著述？而且孔子并未著述，《论语》由其后学编成。孔子之时，隐士阶层已经出现，如楚狂接舆、荷蓧丈人等，他们有文化而无政事，有条件从事著述。况且老子身为史官，熟悉典制史实。一旦离职，更可私人著书。说到韵文，其形成也许较晚，而韵诗则古已有之，《诗经》便是证明。《老子》书与其说是论文不如说是诗，是哲理诗，可以归到诗的范畴，故其押韵不足为奇。其用韵近于《诗》，其简古近于《书》。

4．"《老子》书中若干语词只见于战国文献，故其书晚出。"论者举例多的词有"仁义"、"尚贤"、"王侯"、"万乘之主"、"食税"、"偏将军"等。关于"仁义"、"尚贤"，《左传》中"仁"、"义"出现一百多次，亦有仁义对举者，如"幸灾不仁，怒邻不义"（僖公十四年）。至于"尚贤"亦不是墨子的发明。晋文公倡导"明贤良"，孔子云"举贤才"，皆在春秋时期，只是各家尚贤的标准不同而已。关于"王侯"，《易》之蛊卦上九爻辞已有"不事王侯"。春秋之时，楚已僭号称王，《老子》中之王侯，既可指国王与诸侯，亦可指诸侯王。关于"万乘之主"，春秋末，晋楚齐秦皆为万乘之国，故《论语》有云"千乘之国，摄乎大国之间"的记载，比千乘之国更大的当然是万乘之国，主即国君。《吕氏春秋·下贤》记从臣称齐桓公为"万乘之主"。关于"食税"，论者认为征收田税始于"初税"（前五九四年），普遍推行当在战国。即以"初税亩"而论已在孔子前，何况周代早已实行十一税，即孟子所说的"彻"法。春秋无税法的论点不能成立。关于"偏将军"、"上将军"等，焦竑、魏源、易顺鼎、刘师培等人认为该章有古注羼入正文，此用语系古注误为正文，去之方顺。但这样的词语很少，与原文的区别可以看得出来。

5."《老子》抽象思维水平高，体系完整，必须在总结以往道家思想的基础上才能形成，故晚出。"这里引陈鼓应的话作为回答："思想发展进程的问题是非常复杂的。一个开创性的哲学家的思想体系之宏大、开阔和深刻性，往往达到空前的程度，而后继者因为主观与客观的各种条件，致使思想格局趋于狭义化与浅显化，……这在中外思想史上是一个通例。"哲学发展"不是呈直线上升趋势的，而是上下起伏的、反复曲折的"（《老学先于孔学》，《哲学研究》1988 年第 9

期）。当然，我们说老子是源，庄、列、杨、稷下黄老是流，是就道家作为一个学派的存在而言的，决不意味着老学全是创新而无任何历史溯源。远且不说，东周以来，在社会激烈变动的震撼下，一些好学深思之士，已经总结出物极必反、骄奢必损、俭让有益等一系列辩证观点，成为老学形成的思想营养。例如《老子》书中就引用了古人的话，四十一章"建言有之"下"明道若昧"数语，五十七章"圣人云：我无为，而民自化"数语，六十九章"用兵有言：吾不敢为主，而为客"数语，七十八章"是以圣人云：受国之垢：是谓社稷主"数句，都是对前人的借鉴。《左传》隐公元年（前七二二年）郑庄公说："多行不义必自毙"，与老子"富贵而骄，自遗其咎"相似；隐公六年（前七一七年）陈侯引周任之言曰："为国家者，见恶如农夫之务去草焉，芟夷崇之，绝其本根，勿使能殖"，与老子"图难于其易，为大于其细"相似；宣公十五年（前五九七年），伯宗引民谚云："高下在心，川泽纳汙，小薮藏疾，瑾瑜匿瑕，国君舍垢，天之道也"，与老子"受国之垢，是谓社稷主"一致；《吕氏春秋·慎行》引古逸诗曰："将欲毁之，必重累之；将欲踣之，必高举之。"

《战国策·魏策》任章引古《周书》曰："欲将败之，必姑辅之；欲得取之，必姑与之。"与《老子》三十六章类同。可知老子思想并非无根之木，其源有自。但前于《老子》者，零散不成系统；后于《老子》者，褊狭不备大体。《老子》作为道家创建之作的地位是不可替代的。如徐梵澄所说："老子盖由洞明历史而成其超上哲学者。旷观乎百世之变，而自立于九霄之上，下视人伦物理，如当世之哓哓者，若屑屑不介意，独申其还淳还朴之道。"（《老子臆解》）

6."《老子》杂有庄、法、兵、纵横诸家之言，且有重见迭出之语，及不同时代之词，故系异时多人集而成之，当晚出。"这种说法表面上可以解决遇到的任何考辨上的困难，实际上把《老子》当成了杂家，从根本上曲解了《老子》。我们已经指出，《老子》不引战国诸子，而战国诸子多引《老子》，或自标本于《老子》，可见《老子》在先，诸子各从一个侧面继承发挥了《老子》。重迭之语，非关作者，乃后来流行中发生的失误。而个别战国时词语，当系注文窜入正文，可以甄别，非关宏旨。关键问题在于《老子》一书不可能成于多人之手，必为老子所著。《老子》书以"道"为核心概念，以"阴柔"为基本特征，以"自然"为最高原则，提出一整套博大精深的宇宙论、人生论和社会政治论，结构严正，风格一贯，含蓄凝练，正言反出，章章皆藏珠玉，段段饱蘸体验，冷静而不失慈爱，收敛而又广为发散，个性鲜明，自成一家，非哲学大师如老子者，无以为之。老子是座高峰，他人则为群岚，其书旁人根本无法杂凑补缀，即或高士续之，亦不能同其个性，一其风采。书中以"吾"、"我"自称，更标明是老子亲著。老子作为古代圣哲的形象，已经树立两千余年，其哲学怎么能是众人摭拾杂采而成的呢？

7. "孔墨孟不言老，故《老子》晚出。"关于孔子学老用老的问题，前文已述不赘。墨子言老，前文已述《御览》引古本《墨子》佚文，其载《老子》文曰："道，冲而用之有弗盈"与今本《老子》"道，冲而用之或不盈"有不同。查帛书本《老子》均作"道，冲而用之有弗盈也"，与墨子所引仅句末虚词"也"字之差，故知墨子所据正是古本《老子》。又《墨子·修身》谓"功成名遂"，系引《老子》九章文。《兼爱下》"吾闻为明君于天下者，必先万民之身后为其身"，是采《老子》六十六章义。至于孟子，亦非不言老，只是不明言而已。如《离娄下》："大人者，不失其赤子之心者也"，此受启于"含德之厚比如赤子"（《老子》五十五章）；《尽心上》："出则无敌国外患者国恒亡"，此受启于"祸莫大于轻敌，轻敌几丧吾宝"（《老子》六十九章），又："养心莫善于寡欲"，此受启于"见素抱朴，少私寡欲"（《老子》十九章）；《尽心下》："贤者以其昭昭使人昭昭，今以其昏昏使人昭昭"，此反用"俗人昭昭，我独昏昏"（《老子》二十章）。于此可证孟子确实读过《老子》。论者又提出孟子辟杨朱而不辟老子，得毋杨朱在孟子先，而老子在孟子后乎？关于这个问题，朱熹的看法是："人言孟子不辟老氏，不知但辟杨墨，则老庄在其中矣。"（《朱子语类辑略》卷七）近人唐兰认为"孟子的时候，老子的弟子杨朱学派正盛行，反把老子掩去了"（《老聃的姓名和时代考》）。（以上参考张扬明《老子考证》）杨朱为老子后学的极端派，他将老子思想中贵生轻物的观点发挥到极致，形成"唯我"论，即道家的利己主义，已经走向老子的反面，并得到广泛传布，与儒家社会本位的宗法主义理论形成正面冲突，故遭到孟子的猛烈抨击。老子的思想虽与儒家不同，但比较平和全面又关心社会国家，有与儒学相通之处，故可部分地为孔子和其他儒者所接受。且老子为孔子师，普遍受到尊敬，他未成为孟子的批判对象不是怪事。

## 四　　主要版本和注家

《老子》问世以来，在流传中出现各种不同版本，虽大同而有种种差异。最早的版本当推一九九三年出土的郭店楚墓竹简《老子》，只有二千余字，大约在战国中期偏晚的时候。其书文句与通行本《老子》多有出入。再就是一九七三年出土于长沙马王堆汉墓的帛书《老子》甲本和乙本。甲本不避高祖"邦"字讳，其抄写年代较早，可能在秦汉之际；乙本避讳"邦"字而不避"盈"、"恒"，其抄写年代在高祖文景之间。两种写本皆德经在前，道经在后，不分章节。再次则为西汉严遵《老子指归》本，现存于明刻《道藏》中，标明共十三卷，仅存后七卷，而德经在后。严遵复有《老子注》，将全书分成七十二章，其注已佚。东汉时有河上公《老子章句》本（据王明先生考证河上公本成于东汉），以上篇为道经，分三十七章，以下篇为德经，分四十四章，共八十一章，并于每章之首加标题名。河上公本受到道教界重视，得以广泛流行。汉末则有《老子想尔注》本，系巴汉民间道教五斗米道所诵习，未收入《道藏》，现仅存敦煌遗书中六朝写本残卷，保留了道经的绝大部分。魏晋间则有王弼《老子注》本出现，它随着玄学思潮的扩展而流传全国，成为后世最有影响的《老子》版本。王弼本排列次序同于河上公本，但无章题，文句亦常有出入。现在通行的王本已非完整旧貌，有转抄中致误处。唐初傅奕依据项羽妾冢抄本、寇谦之所传安丘望本、仇狱所传河上丈人本，校定为《老子古本篇》，为校刊学者所重视。宋代范应元著《老子古本集注》，其古本近傅奕本又有不同，对诸古本作鉴别考订，亦为后学所看重。朱谦之《老子校释·序文》指出，《老子》旧本，"流传最广者，有河上公、王弼二种。河上本近民间系统，文句简古"，"王本属文人系统，文笔晓畅"，又说："严遵本与河上本相接近，傅奕本则为王弼本之发展，此为《老子》旧本之两大系统。"后世《老子》注本多依违此两大系统或依傍其一，而生出诸多差别。

《老子》注家，自古及今不可胜数。元代道士张与材序杜道坚《道德经原旨》说："《道德经》八十一章，注者三千余家。"清代学者魏源《老子本义》说："解老自韩非下千百家，老子不复生，谁定之？""三千"与"千百"之数不必过于认真，意在形容其众多也。当代学者陈鼓应搜列古今《老子》注解二百六十二家；卢育三开列一百零六家，皆有姓名书名可考。历代重要注说流传至今者有以下各家：先秦有韩非《解老》、《喻老》；两汉有严遵《老子指归》，《淮南子·道应训》，河上公《老子章句》；魏晋南北朝有王弼《老子注》；隋唐有唐玄宗《御注道德真经》；宋元有王安石《老子注》，苏辙《老子解》，林希逸《老子口义》，范应元《老子道德经古本集注》，吴澄《道德真经注》；明清有薛蕙《老子集解》，释道清《老子道德经解》，焦竑《老子翼》，王夫之《老子衍》，俞樾《老子平议》，易顺鼎《读老子札记》，刘师培《老子斠补》；民国有罗振玉《老子考异补遗》，马叙伦《老子校诂》，奚侗《老子集解》，高亨《老子正诂》，蒋锡昌《老子校诂》，劳健《老子古本考》，朱谦之《老子校释》等二十五家。

# 五　　近现代关于老子的讨论

历代在儒家与道家道教之间有孔老优劣的讨论，在道家道教与佛教之间有释老异同的讨论，但学者对于老子其人其书无大歧见，大都遵信《史记》的记载，认为老孔同时而老稍长于孔，孔子问礼于老子，五千言为老子自著。近代以来，歧说蜂起。关于老子的讨论首先集中在史实的考证方面，然后转到思想与评价上面。疑老之风，肇端于南宋叶适，清人汪中提出更多质疑，但未形成专题讨论。近现代关于老子的第一次学术大讨论，发生在民国十一年至二十五年间，由梁启超著文引起辩论，著名学者纷纷参与，论文二十余篇，文字三十余万，中心问题是老子其人其书的时代考证。依据基本观点的分歧，可以分成以下七派：（一）认为老子是春秋时代的老聃，五千言为其自著，有胡适、黄方刚、唐兰、马叙伦、高亨、张煦等人；（二）认为老子是春秋时代人，但五千言却成于战国中，是老聃遗说的加工整理，有郭沫若；（三）认为老子即李耳，书成于杨、墨之后，庄周之前，有冯友兰、刘汝霖；（四）认为老子即老聃，亦即战国中期的太史儋，五千言为太史儋所著，有罗根泽；（五）认为《老子》书不仅晚出，而且形成于庄周之后，有梁启超、钱穆、熊伟等人；（六）认为《老子》书成于《吕览》与《淮南子》之间，有顾颉刚；（七）认为老子是老莱子，老聃是太史儋，有谭戒甫。还有一些学者提出略有不同的见解，但基本观点不出以上七家。要而言之，有人书合一说，有人书分开说，有人书早出说，有人书晚出说（参看《古史辨》第四册、第六册）。自此以后，老子年代问题的争论一直持续不断，至今还在进行中。

一九四九年以后，大陆学界除了讨论老子年代问题，还把关注的重点转向老子及《老子》书的定性分析，即《老子》的哲学体系是唯物论还是唯心论？《老子》所表现的思想倾向和政治立场是属于没落贵族，还是小生产者？是进步还是反动？这场讨论大致持续到"文化大革命"发生，而在"文化大革命"之后还有余波，它是社会上重视阶级斗争和强调哲学党性原则在老子研究上的反映。代表性的言论可见于《老子哲学讨论集》（中华书局1959年出版）及若干部专著。吕振羽和杨荣国认为老子思想是彻底的唯心主义。侯外庐和杨柳桥认为老子哲学的上半截（道论）是唯心主义，下半截（德论）是唯物主义，但从根本上说还是唯心主义。主张老子哲学为唯心论的学者，主要论点是说老子的"道"是精神性的概念，而"道"在老子哲学体系中是第一性的根本性的东西。杨兴顺（苏联华裔学者）、范文澜、任继愈（早期）主张老子是唯物主义者，主要论点是说老子讲天道自然无为，反对宗教神学，"道"是物质性的或物质世界的一般规律。任继愈后来又主张老子是唯心主义者，至八十年代又提出一种新的见解，即"道"是精神还是物质，老子自己并没有讲清楚，但老子的天道自然无为学说有利于唯物主义的发展，同时也给唯心主义留下了可乘之机（《中国哲学发展史·先秦卷》）。关于老子的阶级性问题，范文澜认为反映了没落领主的思想，社会作用是倒退、反动、消极。杨兴顺、侯外庐都认为老子代表公社农民，杨氏强调其人民性进步性，侯氏则指出其消极性和幻想性。任继愈进一步指出了老子是由贵族下降的隐士，与真正的农民还有差别，一方面反映了农民的某些要求，有反抗压迫和剥削的思想，另一方面又带来原来出身的阶级烙印，有消极、倒退、愚民的思想。学界对于老子的辩证法思想一致加以赞赏，只在理解上略有差异。

## 六　　帛书《老子》的价值

一九七三年十二月马王堆汉墓帛书出土，内有甲、乙两种《老子》写本。这是老子研究史上划时代的大事，引起海内外学界的震动。帛书《老子》是目前较古的完整的本子，且独立于王弼本与河上公本两大系统之外，与诸流行本有诸多不同，在校刊学上有极大价值，可与今本《老子》相互订正得失，因而为学界所珍重。当然，最古的未必都是最好的，帛书《老子》的抄写者不一定是学者专家，又是用于陪葬，未经大家校订，故伪、脱、衍、错诸缺点在所难免。但它毕竟近古质朴，未经后世学者过分修饰，于《老子》原貌保存较多，故可有分析地用来校正通行本的错误，澄清许多校勘家长期争论的疑点。现将帛书《老子》对于通行本的重要校正罗列如下：

通行本第一章"道可道，非常道；名可名，非常名"，帛书甲乙本均将"常"作"恒"，后因避文帝讳而改为"常"，当复为"恒"，类似情况皆应改正。"无名，天地之始"，据王弼本与帛书本，当为"万物之始"。"常无欲以观其妙，常有欲以观其徼"，其中"无欲"、"有欲"的断句难定，帛书本作"恒无欲也以观其眇，恒有欲也以观其噭"，是知应以"无欲"、"有欲"断。

通行本第二章"高下相倾"，帛书甲乙本均作"高下相盈"，"盈"因避讳而改为"倾"，当复正。

通行本第十章"涤除玄览"，帛书甲本"览"作"蓝"，乙本作"监"，是古"鉴"字，即镜子，当改。"明白四达，能无知乎"，帛书本"无知"作"毋以知"，即不用智慧，当从之。

通行本第十四章"视之不见名曰夷，听之不闻名曰希，搏之不得名曰微"，帛书甲本作"视之而弗见名曰微，听之而弗闻名之曰希，指之而不得名曰夷"。"微"、"希"、"夷"三字的位置当如帛书，"微"是细小故不见，"希"是轻声故不闻，有"大音希声"为证，"夷"是平滑故搏（摸）而不得。

王弼本第二十三章"故从事于道者，道者同于道，德者同于德，失者同于失。同于道者，道亦乐得之；同于德者，德亦乐得之；同于失者，失亦乐得之。"帛书乙本"故从事于道者同于道，德者同于德，失者同于失。同于德者，道亦德之；同于失者，道亦失之。"陈鼓应据帛书删"道者"之下"道者"，当从之。

通行本第三十一章"夫佳兵者不祥之器"，帛书本无"佳"字，当删。"杀人之众，以哀悲泣之"，罗云贤云："按'泣'当为'涖'之讹"，帛书甲乙本均作"立"，为"莅"之省形，帛书本六十章"以道立天下"亦证，故应从帛书。"莅"，临也。通行本第四十九章"圣人无常心"，帛书乙本作"圣人恒无心"，帛书为优。老子崇尚恒道，若说"圣人无恒心"，适成反面意义，故不取。

通行本第五十一章"物形之，势成之"，帛书甲乙本均作"器成之"，即器械加工使之完成。取张松如说，应从帛书。

通行本第六十一章"故大国以下小国，则取小国；小国以下大国，则取大国"，帛书甲本"国"作"邦"，下"取"字后有"于"字。帛书本多将"国"字作"邦"字，当以"邦"为胜。加"于"字后为"小邦以下大邦，则取于大邦"，于义为顺。

通行本第六十八章"是谓配天古之极"，费解，帛书本作"是谓配天，古之极也"，其义畅明。

通行本第八十章"什伯之器"，帛书甲本作"十百人之器"，乙本作"十百人器"。苏彻、胡适认为系指十百倍于人力之器械，帛书又为之证，其义可从。

帛书《老子》与通行本相比，还有若干差别，有的可以两行之，有的帛书本不如通行本，此项比较研究皆有益于正确把握《老子》。

在《老子》全书的结构上，大约初期只有上下两篇，言道德之意（据司马迁），而德篇在前道篇在后，不分章节。韩非子《解老》和帛书《老子》可以为证。先秦学者的习惯，著述往往将总纲与序言置于书之后部，如《庄子·天下》在最后，《吕氏春秋》的十二纪在后，是览、论、纪的排列，故《序意》紧随十二纪，司马迁云："集论以为八览、六论、十二纪"，又因八览在前而称呼该书为《吕览》。《老子》书将道篇置于德篇之后，亦由于道比德更根本。至汉代，学者沿用自序在后的习惯，但已经不大理解内容上以后为重的古风，开始以先为重。汉人又特重阴阳五行学说，故将《吕氏春秋》原来居后的十二纪，改置于全书之前，因为其中含有阴阳五行的宇宙模式，故东汉高诱序谓

"十二纪八览六论"，以十二纪为首，与司马迁不同。这种风气的改变大约始于西汉，而成于东汉。《老子》书道篇提前、德篇挪后也是在这种变化中完成的。帛书本尚保存古貌，至严遵本即已颠倒，并开始分章。至东汉河上公本形成了道前德后的八十一章，并为后世所研习。

# 跋

　　《老子新说》一稿是我根据自己多年来讲解《老子》八十一章积累的心得加工整理而成。不久前岑孝清博士帮我把手稿打印出来，韩松、柯湘二位好友看了，认为内容新鲜，能够联系社会生活解说《老子》，文字流畅，有出版价值。我在他俩鼓励下，对该稿作了一次修订。又将自己撰写的《老子的学说》（当时纳入集体创作的《道教通论》一书之中）找出来，进行了部分的修改补充，增加了两章，命名为《老子评说》。两部稿子合起来，便成为现在的《老子新说》，一为正篇，一为辅篇。

　　《老子的学说》写作时，老子热刚刚兴起，郭店楚简《老子》还没有出土，所以对前人研究成果的综合和考古资料的运用都是不够的。我本打算作补充研究，可是十多年来老子研究的成果实在太丰富了，楚简《老子》研究又是一门很专的学问，从时间和精力上我都无法在短期内加以吸纳并写出有分量的文字，只好放弃这一想法。不过我要说明的是，我对《老子》的解读，在基本观点上自认为并没有过时，而且包含着自己大半生的生命实践的体验，它是不完美的，却是真实的。老子的学问是生命的学问，老子的智慧早已在滋润着我的文化生命，它使我生活得更加清醒，更为从容。我希望通过自己的解读，使更多的人，特别是青年人，喜欢老子，品读老子，从中获取生活的大智慧，使社会和人生变得更加美好。老子的魅力是历久弥新的，它将陪伴读者走完充实而潇洒的一生。

还有一点要说明，我所使用的《老子》文本，是以王弼本为基础，参考了河上公本、傅奕本和陈鼓应《老子译注及评介》对《老子》文本的考订，又据帛书《老子》在重要语词上加以改正。本书重点在内容解读，不作细琐的版本考证。郭店楚简《老子》在文字上与通行本颇多出入，对研究早期《老子》版本很有价值。但两千多年来，它埋在地下，无人传承，而通行本《老子》却在中国社会生活里时刻发生作用，因此解读通行本《老子》的重要性是不言而喻的。楚简《老子》是残本，一些古字奇特难辨，需要专门家去研究。而生活中人们还是要读通行本《老子》，从中吸取营养。我的解读只是一得之见，错误难免，欢迎读者批评指正。最后，也向帮助我扫描文稿、支持我顺利完成文稿修订的妻子王月华表示感谢。

牟钟鉴

二〇〇九年六月

跋